2024国家统一法律职业资格考试

法考

必刷题

随时 ~ 随地 ~ 随身练 ❻ 商经法

拓朴法考 编著

中国法制出版社
CHINA LEGAL PUBLISHING HOUSE

目 录

商 法

专题一 公司法 …………………………………………………… (1)
  第一节 公司法概述 …………………………………………… (1)
  第二节 公司的设立 …………………………………………… (3)
  第三节 公司的股东和股东权利 ……………………………… (6)
  第四节 公司的组织机构 ……………………………………… (18)
  第五节 公司的董事、监事、高级管理人员 ………………… (24)
  第六节 公司的财务与会计制度 ……………………………… (25)
  第七节 公司的变更、合并与分立 …………………………… (27)
  第八节 公司的解散与清算 …………………………………… (29)
  第九节 有限责任公司 ………………………………………… (32)
  第十节 股份有限公司 ………………………………………… (36)
专题二 合伙企业法 ……………………………………………… (38)
专题三 个人独资企业法 ………………………………………… (53)
专题四 外商投资法 ……………………………………………… (54)
专题五 企业破产法 ……………………………………………… (55)
专题六 票据法 …………………………………………………… (65)
专题七 证券法 …………………………………………………… (73)
专题八 保险法 …………………………………………………… (78)
专题九 海商法 …………………………………………………… (86)
专题十 信托法 …………………………………………………… (88)

经 济 法

专题十一 反垄断法 ……………………………………………… (89)
专题十二 反不正当竞争法 ……………………………………… (94)
专题十三 消费者权益保护法 …………………………………… (98)

· 1 ·

专题十四	产品质量法	（103）
专题十五	食品安全法	（104）
专题十六	商业银行法	（108）
专题十七	银行业监督管理法	（113）
专题十八	企业所得税法	（116）
专题十九	个人所得税法	（118）
专题二十	车船税法	（120）
专题二十一	增值税法	（121）
专题二十二	消费税法	（121）
专题二十三	税收征收管理法	（121）
专题二十四	审计法	（126）
专题二十五	土地管理法	（128）
专题二十六	城乡规划法	（130）
专题二十七	城市房地产管理法	（133）
专题二十八	不动产登记	（137）

环境资源法

专题二十九	环境保护法	（139）
专题三十	森林法	（145）
专题三十一	矿产资源法	（146）

劳动与社会保障法

专题三十二	劳动合同法	（148）
专题三十三	劳动法	（158）
专题三十四	劳动争议调解仲裁法	（159）
专题三十五	社会保险法	（161）
专题三十六	军人保险法	（164）

知识产权法

专题三十七	著作权	（165）
专题三十八	专利权	（176）
专题三十九	商标权	（186）

刷题表	时 间	题号	一刷	二刷	题号	一刷	二刷	题号	一刷	二刷	题号	一刷	二刷
		1	D										

商　法

扫一扫,"码"上做题

微信扫码,即可线上做题、看解析。
多种做题模式:章节自测、单科集训、随机演练等。

专题一　公司法

第一节　公司法概述

考点1 公司的分类

1．(2017/3/25/单①)

植根农业是北方省份一家从事农产品加工的公司。为拓宽市场,该公司在南方某省分别设立甲分公司与乙分公司。关于分公司的法律地位与责任,下列哪一选项是错误的?②

A. 甲分公司的负责人在分公司经营范围内,当然享有以植根公司名义对外签订合同的权利

B. 植根公司的债权人在植根公司直接管理的财产不能清偿债务时,可主张强制执行各分公司的财产

C. 甲分公司的债权人在甲分公司直接管理的财产不能清偿债务时,可主张强制执行植根公司的财产

D. 乙分公司的债权人在乙分公司直接管理的财产不能清偿债务时,不得主张强制执行甲分公司直接管理的财产

2．(2014/3/25/单)

玮平公司是一家从事家具贸易的有限责任公司,注册地在北京,股东为张某、刘某、姜某、方某四人。公司成立两年后,拟设立分公司或子公司以开拓市场。对此,下列哪一表述是正确的?③

A. 在北京市设立分公司,不必申领分公司营业执照

B. 在北京市以外设立分公司,须经登记并领取营业执照,且须独立承担

---

① 指2017年/试卷三/第25题/单选——编者注　② D　③ D

· 1 ·

民事责任

C. 在北京市以外设立分公司,其负责人只能由张某、刘某、姜某、方某中的一人担任

D. 在北京市以外设立子公司,即使是全资子公司,亦须独立承担民事责任

3．甲公司欲单独出资设立一家子公司。甲公司的法律顾问就此向公司管理层提供了一份法律意见书,涉及子公司的设立、组织机构、经营管理、法律责任等方面的问题。请回答第(1)~(3)题。

(1) 2010/3/94/任

关于子公司设立问题,下列说法正确的是:①

A. 子公司的名称中应当体现甲公司的名称字样

B. 子公司的营业地可不同于甲公司的营业地

C. 甲公司对子公司的注册资本必须在子公司成立时一次足额缴清

D. 子公司的组织形式只能是有限责任公司

(2) 2010/3/95/任 新法改编

关于子公司的组织机构与经营管理,下列说法正确的是:②

A. 子公司可不设董事会,设一名董事

B. 子公司可自己单独出资再设立一家全资子公司

C. 子公司的法定代表人应当由甲公司的法定代表人担任

D. 子公司的经营范围不能超过甲公司的经营范围

(3) 2010/3/96/任

关于子公司的财产性质、法律地位、法律责任等问题,下列说法正确的是:③

A. 子公司的财产所有权属于甲公司,但由子公司独立使用

B. 当子公司财产不足清偿债务时,甲公司仅对子公司的债务承担补充清偿责任

C. 子公司具有独立法人资格

D. 子公司进行诉讼活动时以自己的名义进行

考点2 有限责任原则和公司法人人格否认

4．2020 回忆/单

甲公司的两个股东是张某和赵某。张某是控股股东,并派人担任

---

① B(原答案为 BCD)　② AB　③ CD

| 刷题表 | 时 间 | 题号 | 一刷 | 二刷 | 题号 | 一刷 | 二刷 | 题号 | 一刷 | 二刷 | 题号 | 一刷 | 二刷 |

甲公司董事长。后张某将甲公司的大部分资产无偿调用,并且该笔资金调用在甲公司财务上没有任何体现。待债权人乙公司要求甲公司偿还货款时,发现甲公司的资产不足以清偿。现债权人乙公司直接起诉张某,请求张某对甲公司债务承担连带责任。关于本案当事人的诉讼地位,下列哪一选项是正确的?①

A. 乙公司为原告,张某为被告
B. 法院应告知乙公司追加甲公司为共同被告
C. 法院应告知乙公司追加甲公司为第三人
D. 法院裁定不予受理

5. 2016/3/27/单

零盛公司的两个股东是甲公司和乙公司。甲公司持股70%并派员担任董事长,乙公司持股30%。后甲公司将零盛公司的资产全部用于甲公司的一个大型投资项目,待债权人丙公司要求零盛公司偿还货款时,发现零盛公司的资产不足以清偿。关于本案,下列哪一选项是正确的?②

A. 甲公司对丙公司应承担清偿责任
B. 甲公司和乙公司按出资比例对丙公司承担清偿责任
C. 甲公司和乙公司对丙公司承担连带清偿责任
D. 丙公司只能通过零盛公司的破产程序来受偿

第二节 公司的设立

考点3 发起人及发起人责任

6. 2022 回忆/多

甲、乙、丙约定共同设立利城公司,并约定设立过程中产生的费用和债务由三人平均分担。在公司的筹备过程中,甲以自己的名义与德盛公司签订合同,购买办公用品若干,货款50万元。乙以设立中利城公司的名义与菱菲公司签署房屋租赁合同,租赁五间房作为利城公司的办公室。丙外出旅游的路上,发生交通事故,将丁撞伤,丙负全责。后利城公司设立失败,下列哪些说法是正确的?③

A. 甲、乙、丙应按约定的份额对德盛公司承担责任
B. 菱菲公司有权要求甲、乙、丙承担连带责任
C. 如果乙对菱菲公司清偿了全部的债务,有权要求甲、丙按约定比例分担责任

---

① B ② A ③ BC

D. 丁有权要求甲、乙、丙承担连带责任

7. 2016/3/25/单

李某和王某正在磋商物流公司的设立之事。通大公司出卖一批大货车,李某认为物流公司需要,便以自己的名义与通大公司签订了购买合同,通大公司交付了货车,但尚有150万元车款未收到。后物流公司未能设立。关于本案,下列哪一说法是正确的?①

A. 通大公司可以向王某提出付款请求
B. 通大公司只能请求李某支付车款
C. 李某、王某对通大公司的请求各承担50%的责任
D. 李某、王某按拟定的出资比例向通大公司承担责任

8. 2011/3/68/多

甲、乙、丙、丁拟设立一家商贸公司,就设立事宜分工负责,其中丙负责租赁公司运营所需仓库。因公司尚未成立,丙为方便签订合同,遂以自己名义与戊签订仓库租赁合同。关于该租金债务及其责任,下列哪些表述是正确的?②

A. 无论商贸公司是否成立,戊均可请求丙承担清偿责任
B. 商贸公司成立后,如其使用该仓库,戊可请求其承担清偿责任
C. 商贸公司成立后,戊即可请求商贸公司承担清偿责任
D. 商贸公司成立后,戊即可请求丙和商贸公司承担连带清偿责任

考点4 公司资本

9. 2014/3/68/多

2014年5月,甲乙丙丁四人拟设立一家有限责任公司。关于该公司的注册资本与出资,下列哪些表述是正确的?③

A. 公司注册资本可以登记为1元人民币
B. 公司章程应载明其注册资本
C. 公司营业执照不必载明其注册资本
D. 公司章程可以要求股东出资须经验资机构验资

10. 2010/3/26/单

甲乙丙三人拟成立一家小规模商贸有限责任公司,注册资本为八

---

① A ② ABC(原答案为AB) ③ ABD

| 刷题表 | 时 间 | 题号 | 一刷 | 二刷 | 题号 | 一刷 | 二刷 | 题号 | 一刷 | 二刷 | 题号 | 一刷 | 二刷 |

万元,甲以一辆面包车出资,乙以货币出资,丙以实用新型专利出资。对此,下列哪一表述是正确的?①

A. 甲出资的面包车无需移转所有权,但须交公司管理和使用
B. 乙的货币出资不能少于二万元
C. 丙的专利出资作价可达到四万元
D. 公司首期出资不得低于注册资本的30%

考点5 公司的章程

11． 2019 回忆/单

甲、乙、丙、丁四人共同出资成立瀚林公司。协商制定公司章程时甲未出席,乙、丙、丁一致同意章程规定并签字,乙伪造了甲的签字。公司成立后,四位股东协商一致共同签署一份协议,就股东之间的权利义务等事宜进行了约定。下列哪一项说法是正确的?②

A. 四位股东签署的协议是公司章程的一部分
B. 公司章程经过四分之三的股东通过,已经生效
C. 四位股东协商一致签署的协议具有与公司章程相同的法律效力
D. 公司章程未经登记不能对抗第三人

12． 2016/3/28/单

烽源有限公司的章程规定,金额超过10万元的合同由董事会批准。蔡某是烽源公司的总经理。因公司业务需要车辆,蔡某便将自己的轿车租给烽源公司,并约定年租金15万元。后蔡某要求公司支付租金,股东们获知此事,一致认为租金太高,不同意支付。关于本案,下列哪一选项是正确的?③

A. 该租赁合同无效
B. 股东会可以解聘蔡某
C. 该章程规定对蔡某没有约束力
D. 烽源公司有权拒绝支付租金

13． 2016/3/68/多

科鼎有限公司设立时,股东们围绕公司章程的制订进行讨论,并按公司的实际需求拟定条款规则。关于该章程条款,下列哪些说法是正确的?④

① C ② D ③ D ④ AB

A. 股东会会议召开 7 日前通知全体股东
B. 公司解散需全体股东同意
C. 董事表决权按所代表股东的出资比例行使
D. 全体监事均由不担任董事的股东出任

14． 2013/3/68/多
甲、乙、丙设立一有限公司,制定了公司章程。下列哪些约定是合法的?①
A. 甲、乙、丙不按照出资比例分配红利
B. 由董事会直接决定公司的对外投资事宜
C. 甲、乙、丙不按照出资比例行使表决权
D. 由董事会直接决定其他人经投资而成为公司股东

第三节 公司的股东和股东权利

考点6 股东资格的取得与确认

15． 2020 回忆/多
潘某购买了岳某持有的甲公司股权,签订了股权转让协议,当天支付给岳某部分股权转让款,剩余的部分分期支付。甲公司随后将潘某写入了股东名册,但尚未在工商行政管理部门办理股权变更登记。对此,下列哪些说法是正确的?②
A. 在办理股权变更登记后,潘某才能取得股权
B. 潘某已经取得支付了股权转让款的那部分股权
C. 因为尚未办理股权变更登记,不得对抗善意第三人
D. 潘某已经取得了购买的全部股权

16． 2019 回忆/多
甲是鼎泰公司股东,经公司过半数股东同意后于 2018 年 3 月和乙签署了股权转让合同,约定自 2018 年 1 月 1 日开始计算乙的股东收益。但是,鼎泰公司的股东名册及相关文件至 2018 年 5 月才变更完成。2018 年 4 月,公司召开股东会决议向股东分红,但未分配给乙。下列哪些说法是正确的?③
A. 乙有权申请法院确认公司分红决议无效
B. 2018 年 4 月决议作出后,鼎泰公司有权依据章程向甲分配利润

---

① ABC ② CD ③ BD

C. 2018年4月决议作出后,乙可以向鼎泰公司主张分红
D. 乙于2018年5月鼎泰公司办完变更手续后取得股权

17. 2014/3/26/单

甲与乙为一有限责任公司股东,甲为董事长。2014年4月,一次出差途中遭遇车祸,甲与乙同时遇难。关于甲、乙股东资格的继承,下列哪一表述是错误的?①

A. 在公司章程未特别规定时,甲、乙的继承人均可主张股东资格继承
B. 在公司章程未特别规定时,甲的继承人可以主张继承股东资格与董事长职位
C. 公司章程可以规定甲、乙的继承人继承股东资格的条件
D. 公司章程可以规定甲、乙的继承人不得继承股东资格

18. 2014/3/27/单

严某为鑫佳有限责任公司股东。关于公司对严某签发出资证明书,下列哪一选项是正确的?②

A. 在严某认缴公司章程所规定的出资后,公司即须签发出资证明书
B. 若严某遗失出资证明书,其股东资格并不因此丧失
C. 出资证明书须载明严某以及其他股东的姓名、各自所缴纳的出资额
D. 出资证明书在法律性质上属于有价证券

19. 2014/3/69/多

关于有限责任公司股东名册制度,下列哪些表述是正确的?③

A. 公司负有置备股东名册的法定义务
B. 股东名册须提交于公司登记机关
C. 股东可依据股东名册的记载,向公司主张行使股东权利
D. 就股东事项,股东名册记载与公司登记之间不一致时,以公司登记为准

20. 2012/3/26/单

甲、乙、丙拟共同出资50万元设立一有限公司。公司成立后,在其设置的股东名册中记载了甲乙丙3人的姓名与出资额等事项,但在办理公司登记时遗漏了丙,使得公司登记的文件中股东只有甲乙2人。下列哪一说

---

① B ② B ③ AC

法是正确的?①

A. 丙不能取得股东资格
B. 丙取得股东资格,但不能参与当年的分红
C. 丙取得股东资格,但不能对抗第三人
D. 丙不能取得股东资格,但可以参与当年的分红

21． 2009/3/25/单

关于股东的表述,下列哪一选项是正确的?②

A. 股东应当具有完全民事行为能力
B. 股东资格可以作为遗产继承
C. 非法人组织不能成为公司的股东
D. 外国自然人不能成为我国公司的股东

考点7 名义股东与实际股东

22． 2020 回忆/单

甲、乙、丙是某公司的股东,乙所持股份的实际出资人为丁,甲、丙对此知情,未提出异议。后乙将所持股份全部转让给甲,并办理了转让登记。下列说法哪一项是正确的?③

A. 丁有权撤销甲、乙之间的股份转让协议
B. 丙有权就所转让股份优先行使购买权
C. 甲有权主张自己取得乙转让的股份
D. 丁可以要求甲返还股份

23． 2017/3/69/多

胡铭是从事进出口贸易的茂福公司的总经理,姚顺曾短期任职于该公司,2016 年初离职。2016 年 12 月,姚顺发现自己被登记为贝达公司的股东。经查,贝达公司实际上是胡铭与其友张莉、王威共同设立的,也从事进出口贸易。胡铭为防止茂福公司发现自己的行为,用姚顺留存的身份信息等材料,将自己的股权登记在姚顺名下。就本案,下列哪些选项是错误的?④

A. 姚顺可向贝达公司主张利润分配请求权
B. 姚顺有权参与贝达公司股东会并进行表决
C. 在姚顺名下股权的出资尚未缴纳时,贝达公司的债权人可向姚顺主张

---

① C ② B ③ D ④ ABC

补充赔偿责任

D. 在姚顺名下股权的出资尚未缴纳时,张莉、王威只能要求胡铭履行出资义务

24．高才、李一、曾平各出资40万元,拟设立"鄂汉食品有限公司"。高才手头只有30万元的现金,就让朋友艾瑟为其垫付10万元,并许诺一旦公司成立,就将该10万元从公司中抽回偿还给艾瑟。而李一与其妻闻菲正在闹离婚,为避免可能的纠纷,遂与其弟李三商定,由李三出面与高、曾设立公司,但出资与相应的投资权益均归李一。公司于2012年5月成立,在公司登记机关登记的股东为高才、李三、曾平,高才为董事长兼法定代表人,曾平为总经理。请回答(1)、(2)题。

（1）**2012/3/93/任**

关于李一与李三的约定以及股东资格,下列表述正确的是:①

A. 二人间的约定有效

B. 对公司来说,李三具有股东资格

C. 在与李一的离婚诉讼中,闻菲可以要求分割李一实际享有的股权

D. 李一可以实际履行出资义务为由,要求公司变更自己为股东

（2）**2012/3/94/任**

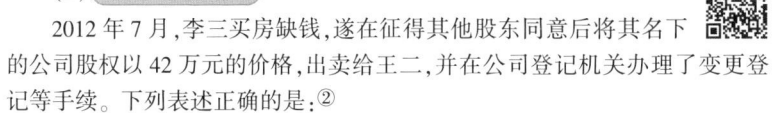

2012年7月,李三买房缺钱,遂在征得其他股东同意后将其名下的公司股权以42万元的价格,出卖给王二,并在公司登记机关办理了变更登记等手续。下列表述正确的是:②

A. 李三的股权转让行为属于无权处分行为

B. 李三与王二之间的股权买卖合同为有效合同

C. 王二可以取得该股权

D. 就因股权转让所导致的李一投资权益损失,李一可以要求李三承担赔偿责任

25．**2011/3/26/单**

某市房地产主管部门领导王大伟退休后,与其友张二、李四共同出资设立一家房地产中介公司。王大伟不想让自己的名字出现在公司股东名册上,在未告知其弟王小伟的情况下,直接持王小伟的身份证等证件,将王小伟登记为公司股东。下列哪一表述是正确的?③

---

① AB ② BCD ③ A

A. 公司股东应是王大伟
B. 公司股东应是王小伟
C. 王大伟和王小伟均为公司股东
D. 公司债权人有权请求王小伟对公司债务承担相应的责任

考点8 股东出资及出资瑕疵责任

26． 2020 回忆/多

甲、乙、丙、丁设立迅飞软件有限公司。甲认缴出资 1000 万元，以厂房 20 年使用权出资。乙认缴出资 300 万元，以其对某公司的 300 万元债权出资。丙认缴出资 200 万元，以房屋出资。丁实缴出资 30 万元并担任设立主要负责人。公司成立后，发现丙的房屋其实是虚假出资，房屋归继承人戊所有，董事长丁对此事知情。乙对某公司 300 万元的债权因公司破产只分得 100 万元。对此，下列哪些说法是正确的？①

A. 债权不是法定出资形式，乙的该项出资不合法
B. 迅飞公司有权向乙追缴出资 200 万元
C. 甲以厂房使用权出资不合法，需要以厂房所有权出资
D. 迅飞公司不能取得丙出资房屋的所有权

27． 2019 回忆/单

2017 年，甲与乙出资设立了陶然公司，甲的持股比例是 75%，担任公司的法定代表人。公司章程约定两股东应于 2022 年缴足出资。后陶然公司欲吸纳丙入股，并与丙签订入股协议，约定：甲、乙应于 2020 年缴足出资，此条件是丙入股陶然公司的必要条件。甲代表陶然公司与丙在协议上签字盖章。乙对此不知情。后丙履行了出资义务，但陶然公司未修改公司章程。甲、乙应于什么时间缴足出资？②

A. 甲、乙应于 2022 年缴足出资
B. 甲应于 2020 年缴足出资，乙应于 2022 年缴足出资
C. 甲应于 2022 年缴足出资，乙应于 2020 年缴足出资
D. 甲、乙应于 2020 年缴足出资

28． 2018 回忆/任 新法改编

李某、张某、赵某、贺某四人出资创办了甲公司，由李某、张某、赵某三人组成董事会。公司章程约定，李某认缴出资 400 万元，其余三人分别认

---

① BCD ② B

| 刷题表 | 时 间 | 题号 | 一刷 | 二刷 | 题号 | 一刷 | 二刷 | 题号 | 一刷 | 二刷 | 题号 | 一刷 | 二刷 |

缴出资200万元,公司成立后3个月内缴足出资。出资期限届满后,经公司多次催缴,李某仍未缴纳出资。1年后,公司召开董事会会议,李某未出席,张某、赵某一致同意,通过了向李某发出失权通知的决议。对此下列说法正确的是:①

A. 李某系甲公司董事,未出席此次董事会,该决议无效
B. 李某自收到失权通知之日起,丧失其股权
C. 若李某丧失股权,甲公司应当对其股权依法注销
D. 在董事会作出决议之前,若甲公司对外债务不能清偿,李某仍需在未缴纳出资的范围内承担赔偿责任

29. 2017/3/27/单

甲有限责任公司成立于2014年4月,注册资本为1000万元,文某是股东之一,持有40%的股权。文某已实缴其出资的30%,剩余出资按公司章程规定,应在2017年5月缴足。2015年12月,文某以其所持甲公司股权的60%作为出资,评估作价为200万元,与唐某共同设立乙公司。对此,下列哪一选项是正确的?②

A. 因实际出资尚未缴纳完毕,故文某对乙公司的股权出资存在权利瑕疵
B. 如甲公司经营不善,使得文某用来出资的股权在1年后仅值100万元,则文某应补足差额
C. 如至2017年5月文某不缴纳其对甲公司的剩余出资,则甲公司有权要求其履行
D. 如至2017年5月文某不缴纳其对甲公司的剩余出资,则乙公司有权要求其履行

30. 2017/3/70/多

榴风公司章程规定:股东夏某应于2016年6月1日前缴清货币出资100万元。夏某认为公司刚成立,业务尚未展开,不需要这么多现金,便在出资后通过银行的熟人马某将这笔钱转入其妻的理财账户,用于购买基金。对此,下列哪些说法是正确的?③

A. 榴风公司可要求夏某补足出资
B. 榴风公司可要求马某承担连带责任
C. 榴风公司的其他股东可要求夏某补足出资

---

① D ② C ③ ABC

D. 榴风公司的债权人得知此事后可要求夏某补足出资

31. 2014/3/29/单

2014年5月,甲、乙、丙三人共同出资设立一家有限责任公司。甲的下列哪一行为不属于抽逃出资行为?①

A. 将出资款项转入公司账户验资后又转出去
B. 虚构债权债务关系将其出资转出去
C. 利用关联交易将其出资转出去
D. 制作虚假财务会计报表虚增利润进行分配

32. 2013/3/29/单

甲公司于2012年12月申请破产。法院受理后查明:在2012年9月,因甲公司无法清偿欠乙公司100万元的货款,而甲公司董事长汪某却有150万元的出资未缴纳,乙公司要求汪某承担偿还责任,汪某随后确实支付给乙公司100万元。下列哪一表述是正确的?②

A. 就汪某对乙公司的支付行为,管理人不得主张撤销
B. 汪某目前尚未缴纳的出资额应为150万元
C. 管理人有义务要求汪某履行出资义务
D. 汪某就其未履行的出资义务,可主张诉讼时效抗辩

33. 2012/3/25/单

甲、乙、丙成立一家科贸有限公司,约定公司注册资本100万元,甲、乙、丙各按20%、30%、50%的比例出资。甲、乙缴足了出资,丙仅实缴30万元。公司章程对于红利分配没有特别约定。当年年底公司进行分红。下列哪一说法是正确的?③

A. 丙只能按30%的比例分红
B. 应按实缴注册资本80万元,由甲、乙、丙按各自的实际出资比例分红
C. 由于丙违反出资义务,其他股东可通过决议取消其当年分红资格
D. 丙有权按50%的比例分红,但应当承担未足额出资的违约责任

34. 2012/3/92/任

高才、李一、曾平各出资40万元,拟设立"鄂汉食品有限公司"。高才手头只有30万元的现金,就让朋友艾瑟为其垫付10万元,并许诺一旦公

---

① A ② C ③ B

| 刷题表 | 时间 | 题号 | 一刷 | 二刷 | 题号 | 一刷 | 二刷 | 题号 | 一刷 | 二刷 | 题号 | 一刷 | 二刷 |

司成立,就将该10万元从公司中抽回偿还给艾瑟。而李一与其妻闻菲正在闹离婚,为避免可能的纠纷,遂与其弟李三商定,由李三出面与高、曾设立公司,但出资与相应的投资权益均归李一。公司于2012年5月成立,在公司登记机关登记的股东为高才、李三、曾平,高才为董事长兼法定代表人,曾平为总经理。

公司成立后,高才以公司名义,与艾瑟签订一份买卖合同,约定公司向艾瑟购买10万元的食材。合同订立后第2天,高才就指示公司财务转账付款,而实际上艾瑟从未经营过食材,也未打算履行该合同。对此,下列表述正确的是:①

A. 高才与艾瑟间垫付出资的约定,属于抽逃出资行为,应为无效
B. 该食材买卖合同属于恶意串通行为,应为无效
C. 高才通过该食材买卖合同而转移10万元的行为构成抽逃出资行为
D. 在公司不能偿还债务时,公司债权人可以在10万元的本息范围内,要求高才承担补充赔偿责任

35． 2011/3/69/多

甲、乙、丙、丁计划设立一家从事技术开发的天际有限责任公司,按照公司设立协议,甲以其持有的君则房地产开发有限公司20%的股权作为其出资。下列哪些情形会导致甲无法全面履行其出资义务?②

A. 君则公司章程中对该公司股权是否可用作对其他公司的出资形式没有明确规定
B. 甲对君则公司尚未履行完毕其出资义务
C. 甲已将其股权出质给其债权人戊
D. 甲以其股权作为出资转让给天际公司时,君则公司的另一股东已主张行使优先购买权

36． 2011/3/70/多

张三、李四、王五成立天问投资咨询有限公司,张三、李四各以现金50万元出资,王五以价值20万元的办公设备出资。张三任公司董事长,李四任公司总经理。公司成立后,股东的下列哪些行为可构成股东抽逃出资的行为?③

A. 张三与自己所代表的公司签订一份虚假购货合同,以支付货款的名

---

① BCD ② BCD ③ ABD

义,由天问公司支付给自己50万元
B. 李四以公司总经理身份,与自己所控制的另一公司签订设备购置合同,将15万元的设备款虚报成65万元,并已由天问公司实际转账支付
C. 王五擅自将天问公司若干贵重设备拿回家
D. 3人决议制作虚假财务会计报表虚增利润,并进行分配

37. 2010/3/72/多 新法改编

甲乙丙三人共同组建一有限责任公司。公司成立后,甲将其20%股权中的5%转让给第三人丁,丁通过受让股权成为公司股东。甲、乙均按期足额缴纳出资,但发现由丙出资的机器设备的实际价值明显低于公司章程所确定的数额。对此,下列哪些表述是错误的?①

A. 由丙补交其差额,甲、乙和丁对其承担连带责任
B. 由丙补交其差额,不足部分由甲、乙和丁补足
C. 由丙补交其差额,甲、乙对其承担连带责任
D. 由丙补交其差额,其他股东不承担责任

考点9 股东的其他义务

38. 2008/3/31/单

甲公司出资20万元、乙公司出资10万元共同设立丙有限责任公司。丁公司系甲公司的子公司。在丙公司经营过程中,甲公司多次利用其股东地位通过公司决议让丙公司以高于市场同等水平的价格从丁公司进货,致使丙公司产品因成本过高而严重滞销,造成公司亏损。下列哪一选项是正确的?②

A. 丁公司应当对丙公司承担赔偿责任
B. 甲公司应当对乙公司承担赔偿责任
C. 甲公司应当对丙公司承担赔偿责任
D. 丁公司、甲公司共同对丙公司承担赔偿责任

考点10 股东的知情权和分红权

39. 2023回忆/多

甲有限公司的股东李某持股比例为3%。甲公司全体股东约定,

① ABD ② C

刷题表	时 间	题号	一刷	二刷	题号	一刷	二刷	题号	一刷	二刷	题号	一刷	二刷

李某不参与公司的经营管理,不过问公司事务,但分红比例为5%。后甲公司连续3年未进行利润分配,李某直接向法院提起知情权之诉,要求查阅甲公司会计账簿等资料。诉讼中,甲公司提出了李某在其他同类公司中参股投资的证据以及李某放弃知情权换取高额分红权的协议。据此,下列哪些选项是正确的?①

A. 李某应先向甲公司主张查阅,被拒绝后才可以起诉
B. 李某有权查阅并复制甲公司的会计账簿
C. 李某放弃知情权换取高额分红权的协议无效
D. 法院应当支持甲公司拒绝李某查阅公司会计账簿的主张

40． 2020回忆/任

奇峰有限公司章程规定,持有本公司20%以下股权的股东不得查阅公司会计账簿。陈某持有该公司15%股权,于2020年9月1日向公司发出书面通知,要求查阅公司2020年账簿。对此,下列说法正确的是:②

A. 公司有权依据公司章程拒绝陈某的请求
B. 陈某可以委托律师至公司查阅公司股东会会议决议,公司应当予以配合
C. 陈某因行使知情权而发生的费用,由公司承担
D. 若陈某被公司拒绝,可向法院起诉,要求行使知情权,并确认相应章程条款无效

41． 2019回忆/多

甲公司是乙公司的股东,根据公司章程,乙公司应每月向股东按时报告销售分析、人事支出等财务资料,但乙公司没有按章程报告。甲公司向法院起诉要求乙公司履行义务,乙公司主张这是财务账簿数据,根据公司章程规定,需要总经理审批才能向甲公司报告,但因甲公司的阻挠,乙公司还没有总经理。下列有关说法哪些是正确的?③

A. 因相关事项未经总经理审批,乙公司有权拒绝向甲公司报告相关财务数据
B. 甲公司应先向乙公司书面申请查阅相关财务账簿数据,被拒绝后,才能向法院起诉
C. 甲公司应先推动乙公司聘任总经理,经其审批后方能查阅相关财务资料

---

① AC ② BD ③ BD

| 刷题表 | 时 间 | 题号 | 一刷 | 二刷 | 题号 | 一刷 | 二刷 | 题号 | 一刷 | 二刷 | 题号 | 一刷 | 二刷 |

D. 未经总经理审批,乙公司也应向甲公司报告相关财务资料

42． 2019 回忆/多

赵某独资设立甲公司,并担任公司的董事和法定代表人。因经营需要,甲公司向朱某筹措资金 500 万元,并约定朱某取得甲公司 2% 的股权,甲公司向朱某出具了股权凭证。据查,朱某是乙公司的法定代表人,乙公司与甲公司的经营范围基本相同。因为朱某该笔资金的引入,甲公司经营渐有起色,终于扭亏为盈。后甲公司未进行分红,朱某提出查阅甲公司的账簿并主张分红。下列哪些说法是正确的?①

A. 朱某可向法院提起诉讼请求甲公司分红
B. 朱某可自行召集并主持股东会决议分红
C. 赵某可以朱某查账目的不正当为由拒绝其查账请求
D. 朱某可以委托律师代为查账

43． 2018 回忆/单

甲、乙、丙、丁、戊共同出资设立春和有限公司,其中甲持股 1%,乙持股 2%,丙持股 17%,丁持股 30%,戊持股 50%。丙与好友陆某签署代持股协议,约定由陆某实际出资并享有投资收益。戊担任公司的董事长。公司章程规定,持股比例低于 5% 的股东不得查阅公司的会计账簿。对此,下列哪一项说法是正确的?②

A. 甲有权查阅公司的会计账簿
B. 丙无权查阅公司的会计账簿
C. 陆某有权查阅公司的会计账簿
D. 丁有权查阅并复制公司的会计账簿

44． 2016/3/26/单

张某是红叶有限公司的小股东,持股 5%;同时,张某还在枫林有限公司任董事,而红叶公司与枫林公司均从事保险经纪业务。红叶公司多年没有给张某分红,张某一直对其会计账簿存有疑惑。关于本案,下列哪一选项是正确的?③

A. 张某可以用口头或书面形式提出查账请求
B. 张某可以提议召开临时股东会表决查账事宜
C. 红叶公司有权要求张某先向监事会提出查账请求

---
① CD ② A ③ D

D. 红叶公司有权以张某的查账目的不具正当性为由拒绝其查账请求

45． 2013/3/27/多

关于股东或合伙人知情权的表述，下列哪些选项是正确的？①
A. 有限公司股东有权查阅并复制公司会计账簿
B. 股份公司股东有权查阅并复制董事会会议记录
C. 有限公司股东可以知情权受到侵害为由提起解散公司之诉
D. 普通合伙人有权查阅合伙企业会计账簿等财务资料

考点11 股东代表诉讼

46． 2022回忆/多

甲公司系一家未上市的股份公司。股东为郝某(持股46%)、岳某(持股5%)、胡某(持股1%)等18人。武某为甲公司的法定代表人。2022年4月6日,郝某在未经股东大会决议的情形下,指令武某为郝某好友名下的乙公司1000万元的债务向丙公司提供担保,并出具了伪造的股东大会决议。2022年6月10日,岳某将自己名下的股份转让给了宁某,并完成了股东的变更登记。2022年10月,因乙公司无力偿还债务,丙公司要求甲公司承担保证责任,岳某等股东因此知晓该事宜,并发现如甲公司承担连带责任将会给公司正常经营造成极大的损失。因此,岳某等人向律师咨询如何保证公司正常运营。对此,律师给出的下列哪些意见是正确的？②
A. 在情形紧急的情况下,岳某可向郝某、武某提起股东代表诉讼
B. 在情形紧急的情况下,胡某可向郝某、武某提起股东代表诉讼
C. 在情形紧急的情况下,宁某可向郝某、武某提起股东代表诉讼
D. 如提起股东代表诉讼,应列公司为第三人,但胜诉利益应归公司所有

47． 2019回忆/多

枫蓝股份公司经营良好,但近几年没有给股东分配利润,持有公司2%股份的股东张某非常不满。现查明:枫蓝公司董事长郭某与和悦公司董事长黄某是夫妻,枫蓝公司与和悦公司存在巨额的业务往来,对和悦公司存在利益输送。张某要求监事会维护公司权益,监事会不置可否。关于张某的维权事宜,下列哪些说法是正确的？③
A. 张某的维权诉讼,枫蓝公司应为第三人
B. 张某的维权诉讼,应以郭某和监事会为共同被告

---
① BD(原答案为D)。原为单选题,根据新法答案有变化,调整为多选题　② BD　③ AD

C. 张某的维权诉讼,应以公司为被告
D. 张某的维权诉讼中,公司其他股东以相同诉讼请求申请参加诉讼的,应列为共同原告

48. 2012/3/27/单

郑贺为甲有限公司的经理,利用职务之便为其妻吴悠经营的乙公司谋取本来属于甲公司的商业机会,致甲公司损失50万元。甲公司小股东付冰欲通过诉讼维护公司利益。关于付冰的做法,下列哪一选项是正确的?①

A. 必须先书面请求甲公司董事会对郑贺提起诉讼
B. 必须先书面请求甲公司监事会对郑贺提起诉讼
C. 只有在董事会拒绝起诉情况下,才能请求监事会对郑贺提起诉讼
D. 只有在其股权达到1%时,才能请求甲公司有关部门对郑贺提起诉讼

49. 2008/3/75/多

刘某是甲有限责任公司的董事长兼总经理。任职期间,多次利用职务之便,指示公司会计将资金借贷给一家主要由刘某的儿子投资设立的乙公司。对此,持有公司股权0.5%的股东王某认为甲公司应该起诉乙公司还款,但公司不可能起诉,王某便自行直接向法院对乙公司提起股东代表诉讼。下列哪些选项是正确的?②

A. 王某持有公司股权不足1%,不具有提起股东代表诉讼的资格
B. 王某不能直接提起诉讼,必须先向监事会提出请求
C. 王某应以甲公司的名义起诉,但无需甲公司盖章或刘某签字
D. 王某应以自己的名义起诉,但诉讼请求应是将借款返还给甲公司

第四节 公司的组织机构

考点12 公司的组织机构

50. 2023 回忆/任

某有限责任公司董事会共有甲、乙、丙三人。乙书面通知公司辞任董事,被股东会拒绝。丙因管理不力,给公司造成重大损失,股东会通过决议解任了其董事职务,并委派丁担任董事。对此,下面说法正确的是:③

A. 乙的辞任行为有效,股东会不能拒绝

---

① B ② BD ③ AC

B. 乙有权不再履行董事职务
C. 股东会解任丙的决议作出后即生效
D. 该公司仍要支付丙任期内剩余年限的薪酬

51. 2019 回忆/单

德丰有限公司的股东胡某是公司的大股东和法定代表人,2018年9月,胡某召集股东会商议收购全景公司的股权事宜,此次股东会没有通知持有公司百分之一股权的小股东郑某。胡某提议转让德丰公司的一块土地使用权给全景公司作为受让股权的对价,在胡某操作下,股东会通过该决议并让秘书代替郑某签字,郑某知道后坚决不同意,诉至法院。该股东会决议效力如何?①

A. 该股东会决议有效　　B. 该股东会决议无效
C. 该股东会决议可撤销　D. 该股东会决议不成立

52. 2018 回忆/单

甲有限公司成立于2018年5月,陈某持有公司80%的股权,并担任公司董事长,秦某持有公司7%的股权。公司章程规定,公司召开股东会,应该提前7天以书面形式通知全体股东。为了扩大公司规模,陈某认为甲公司应当与乙公司合并,并提议召开股东会,但因准备匆忙,在会议召开前7天以电话形式通知秦某。甲公司股东会以代表90%表决权的股东同意,代表3%表决权的股东反对,秦某拒绝在决议上签字的情况下,通过了与乙公司合并的决议。下列哪一项说法是正确的?②

A. 该次股东会会议的召集程序违反法律规定,秦某可以主张该决议无效
B. 该次股东会会议的召集程序违反法律规定,秦某可以要求撤销该决议
C. 秦某有权要求公司以合理的价格回购其所持有的甲公司的股权
D. 若秦某针对股东决议效力提起相关诉讼,应当以公司为被告,其他股东列为第三人

53. 2017/3/71/多

茂森股份公司效益一直不错,为提升公司治理现代化,增强市场竞争力并顺利上市,公司决定重金聘请知名职业经理人王某担任总经理。对此,下列哪些选项是正确的?③

A. 对王某的聘任以及具体的薪酬,由茂森公司董事会决定

---

① C　② D　③ AB

B. 王某受聘总经理后,就其职权范围的事项,有权以茂森公司名义对外签订合同
C. 王某受聘总经理后,有权决定聘请其好友田某担任茂森公司的财务总监
D. 王某受聘总经理后,公司一旦发现其不称职,可通过股东会决议将其解聘

54. 2016/3/69/多 新法改编

紫云有限公司设有股东会、董事会和监事会。近期公司的几次投标均失败,董事会对此的解释是市场竞争激烈,对手强大。但监事会认为是因为董事狄某将紫云公司的标底暗中透露给其好友的公司。对此,监事会有权采取下列哪些处理措施?①

A. 提议召开董事会　　　　B. 提议召开股东会
C. 提议解任狄某　　　　　D. 聘请律师协助调查

55. 源圣公司有甲、乙、丙三位股东。2015年10月,源圣公司考察发现某环保项目发展前景可观,为解决资金不足问题,经人推荐,霓美公司出资1亿元现金入股源圣公司,并办理了股权登记。增资后,霓美公司持股60%,甲持股25%,乙持股8%,丙持股7%,霓美公司总经理陈某兼任源圣公司董事长。2015年12月,霓美公司在陈某授意下将当时出资的1亿元现金全部转入霓美旗下的天富公司账户用于投资房地产。后因源圣公司现金不足,最终未能获得该环保项目,前期投入的500万元也无法收回。陈某忙于天富公司的房地产投资事宜,对此事并不关心。请回答第(1)~(3)题。

(1) 2016/3/92/任

针对公司现状,甲、乙、丙认为应当召开源圣公司股东会,但陈某拒绝召开,而公司监事会对此事保持沉默。下列说法正确的是:②

A. 甲可召集和主持股东会
B. 乙可召集和主持股东会
C. 丙可召集和主持股东会
D. 甲、乙、丙可共同召集和主持股东会

(2) 2016/3/93/任

若源圣公司的股东会得以召开,该次股东会就霓美公司将资金转

---

① BCD　② AD

| 刷题表 | 时 间 | 题号 | 一刷 | 二刷 | 题号 | 一刷 | 二刷 | 题号 | 一刷 | 二刷 | 题号 | 一刷 | 二刷 |

入天富公司之事进行决议。关于该次股东会决议的内容,根据有关规定,下列选项正确的是:①

A. 陈某连带承担返还 1 亿元的出资义务
B. 霓美公司承担 1 亿元的利息损失
C. 限制霓美公司的利润分配请求权
D. 解除霓美公司的股东资格

(3) 2016/3/94/任

就源圣公司前期投入到环保项目 500 万元的损失问题,甲、乙、丙认为应当向霓美公司索赔,多次书面请求监事会无果。下列说法正确的是:②

A. 甲可以起诉霓美公司
B. 乙、丙不能起诉霓美公司
C. 若甲起诉并胜诉获赔,则赔偿款归甲
D. 若甲起诉并胜诉获赔,则赔偿款归源圣公司

56. 2015/3/26/多

荣吉有限公司是一家商贸公司,刘壮任董事长,马姝任公司总经理。关于马姝所担任的总经理职位,下列哪些选项是不正确的?③

A. 担任公司总经理须经刘壮的聘任
B. 享有以公司名义对外签订合同的法定代理权
C. 有权制定公司的劳动纪律制度
D. 有权聘任公司的财务经理

57. 2015/3/68/单

钱某为益扬有限公司的董事,赵某为公司的职工代表监事。公司为钱某、赵某支出的下列哪一项费用须经公司股东会批准?④

A. 钱某的年薪 B. 钱某的董事责任保险费
C. 赵某的差旅费 D. 赵某的社会保险费

58. 2013/3/25/多 新法改编

新余有限公司共有股东 4 人,未设董事会,股东刘某为公司唯一董事。在公司章程无特别规定的情形下,刘某可以行使下列哪些职权?⑤

---

① ABC ② AD ③ ABCD(原答案为 C)。原为单选题,根据新法答案有变化,调整为多选题 ④ A(原答案为 AB)。原为多选题,根据新法答案有变化,调整为单选题 ⑤ AC(原答案为 C)。原为单选题,根据新法答案有变化,调整为多选题

A. 决定公司的投资方案
B. 否决其他股东对外转让股权行为的效力
C. 决定聘任公司经理
D. 决定公司的利润分配方案

59. `2012/3/68/多` 新法改编

方圆公司与富春机械厂均为国有企业,合资设立富圆公司,出资比例为 30% 与 70%。关于富圆公司董事会的组成,下列哪些说法是正确的?①

A. 董事会成员中的职工代表由股东会选举产生
B. 董事张某任期内辞职,在新选出董事就任前,张某仍应履行董事职责
C. 富圆公司董事长可由小股东方圆公司派人担任
D. 方圆公司和富春机械厂可通过公司章程约定不按出资比例分红

60. `2010/3/25/单`

甲乙丙丁戊五人共同组建一有限公司。出资协议约定甲以现金十万元出资,甲已缴纳六万元出资,尚有四万元未缴纳。某次公司股东会上,甲请求免除其四万元的出资义务。股东会五名股东,其中四名表示同意,投反对票的股东丙向法院起诉,请求确认该股东会决议无效。对此,下列哪一表述是正确的?②

A. 该决议无效,甲的债务未免除
B. 该决议有效,甲的债务已经免除
C. 该决议需经全体股东同意才能有效
D. 该决议属于可撤销,除甲以外的任一股东均享有撤销权

61. `2008/3/77/多` 新法改编

华胜股份有限公司于 2006 年召开董事会临时会议,董事长甲及乙、丙、丁、戊等共五位董事出席,董事会中其余 4 名成员未出席。董事会表决之前,丁因意见与众人不合,中途退席,但董事会经与会董事一致通过,最后仍作出决议。下列哪些选项是错误的?③

A. 该决议有效,因其已由出席会议董事的过半数通过
B. 该决议不成立,因丁退席使董事的同意票不足全体董事表决票的二分之一

---

① CD ② A ③ ACD

C. 该决议是否有效取决于公司股东会的最终意见
D. 该决议是否有效取决于公司监事会的审查意见

考点 13 公司担保

62． 2021 回忆/任

通程公司设立了两家分公司甲分公司和乙分公司。在经营过程中,甲分公司为业务伙伴丙公司向丁公司提供担保,未经通程公司同意,自行以自己的名义签订了担保协议。在签订担保协议之前,甲分公司如实向丁公司说明了情况,丁公司未提出异议。乙分公司以自己的名义与戊公司签订了货物买卖协议。对此,下列说法正确的是:①

A. 甲分公司以自己的名义签订的担保协议无效
B. 丙公司无法偿债时,丁公司可要求通程公司承担担保责任
C. 乙分公司签订的买卖协议对通程公司具有法律效力
D. 戊公司须先向乙分公司主张合同责任才可向通程公司主张责任

63． 2021 回忆/多

甲有限公司系张某出资设立的一人有限公司。几年后,甲有限公司与乙有限公司共同出资设立了丙有限公司。随后张某将其持有的甲有限公司的全部股权转让给了陈某并办理了变更登记。2020 年,甲有限公司为陈某向金某的借款提供担保,与金某签订了担保协议,陈某代表甲有限公司在担保协议上签字并加盖公章。2021 年借款到期后,陈某无力偿还借款。对此,下列哪些说法是正确的?②

A. 甲有限公司应对借款承担担保责任
B. 该担保协议因未经股东会决议,故担保无效
C. 陈某如无法证明甲有限公司财产独立,则须就公司其他债务承担连带责任
D. 丙有限公司可就张某和陈某的股权转让主张优先购买权

64． 2008/3/30/单

公司在经营活动中可以以自己的财产为他人提供担保。关于担保的表述中,下列哪一选项是正确的?③

A. 公司经理可以决定为本公司的客户提供担保

---

① AC ② AC ③ D

| 刷题表 | 时间 | 题号 | 一刷 | 二刷 | 题号 | 一刷 | 二刷 | 题号 | 一刷 | 二刷 | 题号 | 一刷 | 二刷 |

B. 公司董事长可以决定为本公司的客户提供担保
C. 公司董事会可以决定为本公司的股东提供担保
D. 公司股东会可以决定为本公司的股东提供担保

第五节 公司的董事、监事、高级管理人员

考点14 公司董事、监事、高级管理人员的资格和义务

65. (2023 回忆/单)

下列哪一项人员可以担任公司的董事?①
A. 甲因炒股欠下巨额债务不清偿,被法院列入失信人员名单
B. 乙曾因挪用公款受到刑事处罚,执行期满 4 年
C. 丙曾主导公司盲目借款,最终导致该公司巨额负债而在 2 年前被破产清算
D. 丁 2 年前担任一家长期负债公司的法定代表人,上任后不久该公司即被责令关闭

66. (2019 回忆/单)

绿都公司是由阳光公司和张某、李某共同出资设立的有限公司,阳光公司派甲和乙担任绿都公司的董事。在绿都公司运营期间,甲以乙在绿都公司决策时总不为阳光公司的利益着想为由,向阳光公司报告。阳光公司未经绿都公司其他董事同意,将乙召回,派驻丙作为绿都公司的董事。下列哪一项说法是正确的?②
A. 乙一经召回就丧失了绿都公司的董事身份
B. 丙取得了绿都公司的董事身份
C. 甲和乙应对阳光公司尽忠实、勤勉义务
D. 甲和乙应对绿都公司尽忠实、勤勉义务

67. (2017/3/26/单)

彭兵是一家(非上市)股份有限公司的董事长,依公司章程规定,其任期于 2017 年 3 月届满。由于股东间的矛盾,公司未能按期改选出新一届董事会。此后对于公司内部管理,董事间彼此推诿,彭兵也无心公司事务,使得公司随后的一项投资失败,损失 100 万元。对此,下列哪一选项是正确的?③

① D ② D ③ B

A. 因已届期,彭兵不再履行董事长职务
B. 虽已届期,董事会成员仍须履行董事职务
C. 就公司100万元损失,彭兵应承担全部赔偿责任
D. 对彭兵的行为,公司股东有权提起股东代表诉讼

68. 2013/3/70/多

李方为平昌公司董事长。债务人姜呈向平昌公司偿还40万元时,李方要其将该款打到自己指定的个人账户。随即李方又将该款借给刘黎,借期一年,年息12%。下列哪些表述是正确的?①

A. 该40万元的所有权,应归属于平昌公司
B. 李方因其行为已不再具有担任董事长的资格
C. 在姜呈为善意时,其履行行为有效
D. 平昌公司可要求李方返还利息

69. 2008/3/76/多

甲公司于2008年7月依法成立,现有数名推荐的董事人选,依照《公司法》规定,下列哪些人员不能担任公司董事?②

A. 王某,因担任企业负责人犯重大责任事故罪于2001年6月被判处三年有期徒刑,2004年刑满释放
B. 张某,与他人共同投资设立一家有限责任公司,持股70%,该公司长期经营不善,负债累累,于2006年被宣告破产
C. 徐某,2003年向他人借款100万元,为期2年,但因资金被股市套住至今未清偿
D. 赵某,曾任某音像公司董事长,该公司因未经著作权人许可大量复制音像制品于2006年5月被工商部门吊销营业执照,赵某负有个人责任

第六节 公司的财务与会计制度

考点15 公司的财务会计报告制度

70. 2014/3/71/多

关于公司的财务行为,下列哪些选项是正确的?③
A. 在会计年度终了时,公司须编制财务会计报告,并自行审计
B. 公司的法定公积金不足以弥补以前年度亏损时,则在提取本年度法定

---

① CD ② CD ③ BCD(原答案为BD)

公积金之前,应先用当年利润弥补亏损
C. 公司可用其资本公积金来弥补公司的亏损
D. 公司可将法定公积金转为公司资本,但所留存的该项公积金不得少于转增前公司注册资本的百分之二十五

考点16 公司的收益分配制度

71． 2022回忆/多

羽伦公司是一家非上市的股份公司,成立于2020年4月,公司注册资本1亿元,股东共认缴出资2亿元。2021年4月,该公司财务报表显示,2020年羽伦公司亏损0.4亿元人民币。因市场好转,2022年4月的公司财务报表显示,羽伦公司2021年实现税后净利润0.8亿元。据此,下列哪些说法是正确的?①

A. 2020年4月,羽伦公司应将1亿元计入资本公积金
B. 就0.8亿元税后利润,羽伦公司应当先弥补上一年度亏损
C. 就0.8亿元税后利润应当提取0.08亿元法定公积金
D. 羽伦公司董事会有权决定提取一定比例的任意公积金

72． 紫霞股份有限公司是一家从事游戏开发的非上市公司,注册资本5000万元,已发行股份总额为1000万股。公司成立后经营状况一直不佳,至2015年底公司账面亏损3000万元。2016年初,公司开发出一款游戏,备受玩家追捧,市场异常火爆,年底即扭亏为盈,税后利润达7000万元。

请回答第(1)、(2)题。

(1) 2017/3/92/任

2016年底,为回馈股东多年的付出,紫霞公司决定分配利润。此时公司的法定公积金余额仅为5万元。就此次利润分配行为,下列选项正确的是:②

A. 公司应提取的法定公积金数额为400万元
B. 公司可提取法定公积金的上限为税后利润的一半,即3500万元
C. 经股东会决议,公司可提取任意公积金1000万元
D. 公司向股东可分配利润的上限为3605万元

(2) 2017/3/93/任

如紫霞公司在2016年底的分配利润中,最后所提取的各项公积

① AB ② ACD

金数额总计为2800万元,关于该公积金的用途,下列选项正确的是:①

A. 可用于弥补公司2016年度的实际亏损
B. 可将其中的1500万元用于新款游戏软件的研发
C. 可将其中1000万元的任意公积金全部用于公司资本的增加
D. 可将其中1000万元的法定公积金用于公司资本的增加

第七节 公司的变更、合并与分立

考点17 公司合并和分立

73. 2015/3/69/多

张某、李某为甲公司的股东,分别持股65%与35%,张某为公司董事长。为谋求更大的市场空间,张某提出吸收合并乙公司的发展战略。关于甲公司的合并行为,下列哪些表述是正确的?②

A. 只有取得李某的同意,甲公司内部的合并决议才能有效
B. 在合并决议作出之日起15日内,甲公司须通知其债权人
C. 债权人自接到通知之日起30日内,有权对甲公司的合并行为提出异议
D. 合并乙公司后,甲公司须对原乙公司的债权人负责

74. 2011/3/25/单

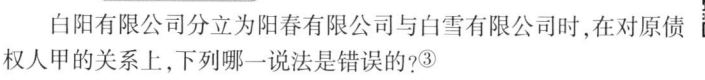

白阳有限公司分立为阳春有限公司与白雪有限公司时,在对原债权人甲的关系上,下列哪一说法是错误的?③

A. 白阳公司应在作出分立决议之日起10日内通知甲
B. 甲在接到分立通知书后30日内,可要求白阳公司清偿债务或提供相应的担保
C. 甲可向分立后的阳春公司与白雪公司主张连带清偿责任
D. 白阳公司在分立前可与甲就债务偿还问题签订书面协议

75. 2009/3/72/多

甲公司欠乙公司货款100万元、丙公司货款50万元。2009年9月,甲公司与丁公司达成意向,拟由丁公司兼并甲公司。乙公司原欠丁公司租金80万元。下列哪些表述是正确的?④

A. 甲公司与丁公司合并后,两个公司的法人主体资格同时归于消灭
B. 甲公司与丁公司合并后,丁公司可以向乙公司主张债务抵销

---

① BC ② AD ③ B ④ BC

C. 甲公司与丁公司合并时,丙公司可以要求甲公司或丁公司提供履行债务的担保

D. 甲公司与丁公司合并时,应当分别由甲公司和丁公司的董事会作出合并决议

考点18 公司类型变更

76. 2018 回忆/多

秦川有限公司注册资本 1 亿元,股东为甲、乙、丙三人。因经营有方,公司持续盈利,至2018年公司净资产总额已达 2 亿元。为拓展市场,为上市做准备,公司经决议变更为股份有限公司。以下哪些说法是正确的?①

A. 如变更后公司注册资本为 2 亿元,则不必另行办理增资的变更登记

B. 如变更后公司注册资本为 2.5 亿元,新增部分可以由甲、乙、丙认购

C. 如变更后公司注册资本为 2.5 亿元,则增加注册资本可向社会公开募集,不能定向募集

D. 如变更后发现原公司净资产计算错误,漏记 2000 万元对外债务,则差额由甲、乙、丙承担连带补足责任

考点19 公司注册资本变更(增资和减资)

77. 2017/3/68/多

湘星公司成立于 2012 年,甲、乙、丙三人是其股东,出资比例为 7∶2∶1,公司经营状况良好。2017 年初,为拓展业务,甲提议公司注册资本增资 1000 万元。关于该增资程序的有效完成,下列哪些说法是正确的?②

A. 三位股东不必按原出资比例增资

B. 三位股东不必实际缴足增资

C. 公司不必修改公司章程

D. 公司不必办理变更登记

78. 2013/3/26/单

泰昌有限公司共有 6 个股东,公司成立两年后,决定增加注册资本 500 万元。下列哪一表述是正确的?③

A. 股东会关于新增注册资本的决议,须经三分之二以上股东同意

B. 股东认缴的新增出资额可分期缴纳

---

① BD ② AB ③ B

C. 股东有权要求按照认缴出资比例来认缴新增注册资本的出资

D. 一股东未履行其新增注册资本出资义务时,公司董事长须承担连带责任

考点20 公司其他事项变更

79. 2013/3/69/单

华昌有限公司有8个股东,麻某为董事长。2013年5月,公司经股东会决议,决定变更为股份公司,由公司全体股东作为发起人,发起设立华昌股份公司。下列哪一选项是正确的?①

A. 该股东会决议应由全体股东一致同意

B. 发起人所认购的股份,应在股份公司成立后两年内缴足

C. 变更后股份公司的董事长,当然由麻某担任

D. 变更后的股份公司在其企业名称中,可继续使用"华昌"字号

80. 2010/3/75/多

关于商事登记,下列哪些说法是正确的?②

A. 公司的分支机构应办理营业登记

B. 被吊销营业执照的企业即丧失主体资格

C. 企业改变经营范围应办理变更登记

D. 企业未经清算不能办理注销登记

第八节 公司的解散与清算

考点21 公司的解散与清算

81. 2023回忆/多

甲、乙、丙共同出资设立一家有限责任公司,甲担任管理公司事务的董事。在公司经营过程中,乙、丙二人与甲理念不合,看不惯甲的管理方式,自2018年8月起,公司再也没有召开股东会会议。2021年10月,乙请求法院判决解散公司,并得到法院支持。2022年3月24日,公司组成清算组进行清算。同年4月20日,债权人丁在进行债权登记时,得知清算组将会计账簿弄丢,无法继续清算。据此,下列哪些说法是正确的?③

A. 丁可以以清算组为被告提起诉讼

---

① D(原答案为BD)。原为多选题,根据新法答案有变化,调整为单选题 ② ACD
③ BD

B. 丁可以以公司为被告提起诉讼

C. 丁可以要求甲、乙、丙承担补充赔偿责任

D. 丁可以要求甲、乙、丙承担连带责任

82． 2021 回忆/多

成泰公司设立于 2015 年,其投资建设了成泰商厦。公司有股东王某、张某和李某三人,其中王某和张某系夫妻,分别持股 51% 和 40%。2018 年王某和张某因感情发生纠纷,夫妻关系破裂,至此公司再未有效召开股东会。因城市发展,成泰商厦的租金持续上涨,公司盈利颇丰。下列哪些说法是正确的?①

A. 王某有权以自己的名义请求法院解散公司

B. 张某有权以自己的名义请求法院解散公司

C. 李某请求法院解散公司,应列公司为被告

D. 因该公司经营状况良好,因此法院不应裁判解散公司

83． 2015/3/27/单

李桃是某股份公司发起人之一,持有 14% 的股份。在公司成立后的两年多时间里,各董事之间矛盾不断,不仅使公司原定上市计划难以实现,更导致公司经营管理出现严重困难。关于李桃可采取的法律措施,下列哪一说法是正确的?②

A. 可起诉各董事履行对公司的忠实义务和勤勉义务

B. 可同时提起解散公司的诉讼和对公司进行清算的诉讼

C. 在提起解散公司诉讼时,可直接要求法院采取财产保全措施

D. 在提起解散公司诉讼时,应以公司为被告

84． 2014/3/28/单

某经营高档餐饮的有限责任公司,成立于 2004 年。最近四年来,因受市场影响,公司业绩逐年下滑,各董事间又长期不和,公司经营管理几近瘫痪。股东张某提起解散公司诉讼。对此,下列哪一表述是正确的?③

A. 可同时提起清算公司的诉讼

B. 可向法院申请财产保全

C. 可将其他股东列为共同被告

D. 如法院就解散公司诉讼作出判决,仅对公司具有法律拘束力

① AB ② D ③ B

刷题表	时 间	题号	一刷	二刷	题号	一刷	二刷	题号	一刷	二刷	题号	一刷	二刷

85. 2014/3/70/多 新法改编

因公司章程所规定的营业期限届满,蒙玛有限公司进入清算程序。关于该公司的清算,下列哪些选项是错误的?①

A. 在公司逾期不成立清算组时,公司债权人可直接申请法院指定组成清算组

B. 公司在清算期间,由清算组代表公司参加诉讼

C. 债权人未在规定期限内申报债权的,则不得补充申报

D. 法院组织清算的,清算方案报法院备案后,清算组即可执行

86. 2012/3/28/单

2012年5月,东湖有限公司股东申请法院对公司进行司法清算,法院为其指定相关人员组成清算组。关于该清算组成员,下列哪一选项是错误的?②

A. 公司债权人唐某
B. 公司董事长程某
C. 公司财务总监钱某
D. 公司聘请的某律师事务所

87. 2011/3/27/单

2009年,甲、乙、丙、丁共同设立A有限责任公司。丙以下列哪一理由提起解散公司的诉讼法院应予受理?③

A. 以公司董事长甲严重侵害其股东知情权,其无法与甲合作为由

B. 以公司管理层严重侵害其利润分配请求权,其股东利益受重大损失为由

C. 以公司被吊销企业法人营业执照而未进行清算为由

D. 以公司经营管理发生严重困难,继续存续会使股东利益受到重大损失为由

88. 2009/3/73/多

甲为某有限公司股东,持有该公司15%的表决权股。甲与公司的另外两个股东长期意见不合,已两年未开成公司股东会,公司经营管理出现困难,甲与其他股东多次协商未果。在此情况下,甲可以采取下列哪些措施解决问题?④

A. 请求法院解散公司

B. 请求公司以合理的价格收购其股权

---

① BCD ② A ③ D ④ AC

C. 将股权转让给另外两个股东退出公司

D. 经另外两个股东同意撤回出资以退出公司

89. 2008/3/32/单

甲、乙、丙三人共同设立云台有限责任公司,出资比例分别为 70%、25%、5%。自 2005 年开始,公司的生产经营状况严重恶化,股东之间互不配合,不能作出任何有效决议,甲提议通过股权转让摆脱困境被其他股东拒绝。下列哪一选项是正确的?①

A. 只有控股股东甲可以向法院请求解散公司

B. 只有甲、乙可以向法院请求解散公司

C. 甲、乙、丙中任何一人都可向法院请求解散公司

D. 不应解散公司,而应通过收购股权等方式解决问题

第九节 有限责任公司

考点 22 有限责任公司的设立

90. 2015/3/25/单

张某与潘某欲共同设立一家有限责任公司。关于公司的设立,下列哪一说法是错误的?②

A. 张某、潘某签订公司设立书面协议可代替制定公司章程

B. 公司的注册资本可约定为 50 元人民币

C. 公司可以张某姓名作为公司名称

D. 张某、潘某二人可约定以潘某住所作为公司住所

考点 23 有限责任公司的股权转让

91. 2023 回忆/任

甲、乙、丙、丁为红英有限公司的股东。甲和第三人戊签订股权转让协议,乙反对并要求对其中 60% 的股权行使优先购买权,但被甲拒绝。在戊支付完股权转让款后,公司高管李某因为疏忽未给戊办理股权变更登记手续。后甲将该股权质押给丁。关于本案,下列说法正确的是:③

A. 甲拒绝乙的优先购买权请求是合法的

B. 对于给戊造成的损失,甲和李某应承担连带责任

C. 戊因未办理股权变更登记手续而不能取得该股权

---

① B ② A ③ A

D. 丁符合善意取得要件,可以取得该股权质权

92． 2017/3/28/单

汪某为兴荣有限责任公司的股东,持股34%。2017年5月,汪某因不能偿还永平公司的货款,永平公司向法院申请强制执行汪某在兴荣公司的股权。关于本案,下列哪一选项是正确的?①

A. 永平公司在申请强制执行汪某的股权时,应通知兴荣公司的其他股东
B. 兴荣公司的其他股东自通知之日起1个月内,可主张行使优先购买权
C. 如汪某所持股权的50%在价值上即可清偿债务,则永平公司不得强制执行其全部股权
D. 如在股权强制拍卖中由丁某拍定,则丁某取得汪某股权的时间为变更登记办理完毕时

93． 2015/3/70/多 新法改编

甲持有硕昌有限公司69%的股权,任该公司董事长;乙、丙为公司另外两个股东。因打算移居海外,甲拟出让其全部股权。对此,下列哪些说法是错误的?②

A. 不必征得乙、丙的同意,甲即可对外转让自己的股权
B. 若公司章程限制甲转让其股权,则甲可直接修改章程中的限制性规定,以使其股权转让行为合法
C. 甲可将其股权分割为两部分,分别转让给乙、丙
D. 甲对外转让其全部股权时,乙或丙均可就甲所转让股权的一部分主张优先购买权

94． 2009/3/26/单 新法改编

甲、乙、丙为某有限责任公司股东。现甲欲对外转让其股份,下列哪一判断是正确的?③

A. 甲必须就此事书面通知乙、丙
B. 在任何情况下,乙、丙均享有优先购买权
C. 在符合对外转让条件的情况下,受让人应当将股权转让款支付给公司
D. 未经工商变更登记,受让人不能取得公司股东资格

95． 2008/3/74/多

周某向钱某转让其持有的某有限责任公司的全部股权,并签署了

① C ② BD(原答案为ABD) ③ A

股权转让协议。关于该股权转让和股东的认定问题,下列哪些选项是正确的?①

A. 在公司登记机关办理股权变更登记前股东仍然是周某
B. 在出资证明书移交给钱某后,钱某即成为公司股东
C. 在公司变更股东名册后,钱某即成为公司股东
D. 在公司登记机关办理股权登记后该股权转让取得对抗效力

考点24 有限责任公司的股权回购

96. 2019 回忆/多

天禄公司由甲、乙、丙、丁四人出资设立,甲持股25%,公司章程规定公司的经营期限为10年。到期后,因公司运营不好,甲主张按章程规定解散公司,但其他股东均不同意解散。公司召开股东会讨论此事,在甲反对、其他股东均同意的情况下作出股东会决议,决定修改公司章程,延长公司的经营期限至2035年。下列有关甲的维权措施,哪些是正确的?②

A. 甲可向法院起诉确认该股东会决议无效
B. 甲可向公司主张以合理的价格收购其股权
C. 甲可与乙协商转让其股权
D. 甲可向法院起诉请求强制解散天禄公司

97. 2013/3/28/单

香根餐饮有限公司有股东甲、乙、丙三人,分别持股51%、14%与35%,经营数年后,公司又开设一家分店,由丙任其负责人。后因公司业绩不佳,甲召集股东会,决议将公司的分店转让。对该决议,丙不同意。下列哪一表述是正确的?③

A. 丙可以该决议程序违法为由,主张撤销
B. 丙可以该决议损害其利益为由,提起解散公司之诉
C. 丙可以要求公司按照合理的价格收购其股权
D. 公司可以丙不履行股东义务为由,以股东会决议解除其股东资格

98. 2010/3/71/多

甲乙等六位股东各出资30万元于2004年2月设立一有限责任公司,五年来公司效益一直不错,但为了扩大再生产一直未向股东分配利润。2009年股东会上,乙提议进行利润分配,但股东会仍然作出不分配利润的决

① CD ② BC ③ C

议。对此,下列哪些表述是错误的?①
A. 该股东会决议无效
B. 乙可请求法院撤销该股东会决议
C. 乙有权请求公司以合理价格收购其股权
D. 乙可不经其他股东同意而将其股份转让给第三人

考点 25 一人公司

99. `2011/3/28/多`

张平以个人独资企业形式设立"金地"肉制品加工厂。2011 年 5 月,因瘦肉精事件影响,张平为减少风险,打算将加工厂改换成一人有限公司形式。对此,下列哪些表述是错误的?②
A. 因原投资人和现股东均为张平一人,故加工厂不必进行清算即可变更登记为一人有限公司
B. 新成立的一人有限公司仍可继续使用原商号"金地"
C. 张平为设立一人有限公司,须一次足额缴纳其全部出资额
D. 如张平未将一人有限公司的财产独立于自己的财产,则应对公司债务承担连带责任

100. `2010/3/27/多`

张某为避免合作矛盾与问题,不想与人合伙或合股办企业,欲自己单干。朋友对此提出以下建议,其中哪些建议是错误的?③
A. "可选择开办独资企业,也可选择开办一人有限公司"
B. "如选择开办一人公司,那么注册资本不能少于 10 万元"
C. "如选择开办独资企业,则必须自己进行经营管理"
D. "可同时设立一家一人公司和一家独资企业"

101. `2009/3/95/任`

张某有 200 万元资金,打算在烟台投资设立一家注册资本为 300 万元左右的餐饮企业。关于如何设立与管埋企业,请回答。
如张某拟设立一家一人有限责任公司,下列表述正确的是:④
A. 注册资本不能低于 50 万元

---

① AB(原答案为 ABD) ② AC(原答案为 A)。原为单选题,根据新法答案有变化,调整为多选题 ③ BC(原答案为 C)。原为单选题,根据新法答案有变化,调整为多选题 ④ BD(原答案为 B)

B. 可以再参股其他有限公司
C. 只能由张某本人担任法定代表人
D. 可以再投资设立一家一人有限责任公司

第十节　股份有限公司

考点26 股份有限公司的设立

102． 2016/3/70/多　新法改编

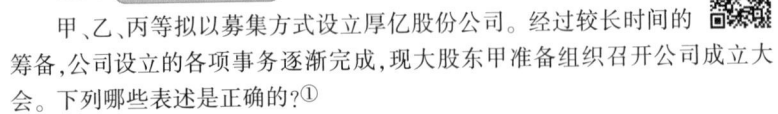

甲、乙、丙等拟以募集方式设立厚亿股份公司。经过较长时间的筹备,公司设立的各项事务逐渐完成,现大股东甲准备组织召开公司成立大会。下列哪些表述是正确的?①

A. 厚亿公司的章程应在成立大会上通过
B. 甲、乙、丙等出资的验资证明应由成立大会审核
C. 厚亿公司的经营计划应在成立大会上决定
D. 设立厚亿公司的各种费用应由成立大会审核

103． 2014/3/72/多

顺昌有限公司等五家公司作为发起人,拟以募集方式设立一家股份有限公司。关于公开募集程序,下列哪些表述是正确的?②

A. 发起人应与依法设立的证券公司签订承销协议,由其承销公开募集的股份
B. 证券公司应与银行签订协议,由该银行代收所发行股份的股款
C. 发行股份的股款缴足后,须经依法设立的验资机构验资并出具证明
D. 由发起人主持召开公司成立大会,选举董事会成员、监事会成员与公司总经理

104． 2010/3/73/多　新法改编

关于股份有限公司的设立,下列哪些表述符合《公司法》规定?③

A. 股份有限公司的发起人最多为200人
B. 发起人之间的关系性质属于合伙关系
C. 采取募集方式设立时,发起人不能在公司成立后分期缴纳出资
D. 发起人之间如发生纠纷,该纠纷的解决应当同时适用《民法典》和《公司法》

---

① AD　② AC　③ ABCD(原答案为 ABD)

考点27 股份有限公司的股份转让

105. 2016/3/29/单

唐宁是沃运股份有限公司的发起人和董事之一,持有公司15%的股份。因公司未能上市,唐宁对沃运公司的发展前景担忧,欲将所持股份转让。关于此事,下列哪一说法是正确的?①

A. 唐宁可要求沃运公司收购其股权
B. 唐宁可以不经其他股东同意对外转让其股份
C. 若章程禁止发起人转让股份,则唐宁的股份不得转让
D. 若唐宁出让其股份,其他发起人可依法主张优先购买权

考点28 股份有限公司的股份回购

106. 2019回忆/多

某上市公司因产品发生质量问题引发消费者不满,公司对此事件的处理方案不妥,引发舆论负面评价,导致股价持续下跌。为了扭转股价下跌的趋势,公司拟用未分配利润回购公司股份。关于该公司的股份回购,下列哪些说法是正确的?②

A. 该回购事项需通过股东大会决议
B. 回购股份不能超过已经发行股份的10%
C. 股份回购应通过公开集中交易进行
D. 公司回购的股份应当在半年内注销或转让

107. 2017/3/94/任

紫霞股份有限公司是一家从事游戏开发的非上市公司,注册资本5000万元,已发行股份总额为1000万股。公司成立后经营状况一直不佳,至2015年底公司账面亏损3000万元。2016年初,公司开发出一款游戏,备受玩家追捧,市场异常火爆,年底即扭亏为盈,税后利润达7000万元。

进入2017年,紫霞公司保持良好的发展势头。为进一步激励员工,公司于8月决定收购本公司的部分股份,用于职工奖励。关于此问题,下列选项正确的是:③

A. 公司此次可收购的本公司股份的上限为100万股
B. 公司可动用任意公积金作为此次股份收购的资金
C. 收购本公司股份后,公司可在两年内完成实施对职工的股份奖励

---

① B ② BC ③ ABCD(原答案为D)

D. 如在 2017 年底公司仍持有所收购的股份,则在利润分配时不得对该股份进行利润分配

考点 29 上市公司特殊规定

108. 2016/3/71/多

星煌公司是一家上市公司。现董事长吴某就星煌公司向坤诚公司的投资之事准备召开董事会。因公司资金比较紧张,且其中一名董事梁某的妻子又在坤诚公司任副董事长,有部分董事对此投资事宜表示异议。关于本案,下列哪些选项是正确的?①

A. 梁某不应参加董事会表决
B. 吴某可代梁某在董事会上表决
C. 若参加董事会人数不足,则应提交股东会审议
D. 星煌公司不能投资于坤诚公司

109. 2015/3/28/单

甲公司是一家上市公司。关于该公司的独立董事制度,下列哪一表述是正确的?②

A. 甲公司董事会成员中应当至少包括 1/3 的独立董事
B. 任职独立董事的,至少包括一名会计专业人士和一名法律专业人士
C. 除在甲公司外,各独立董事在其他上市公司同时兼任独立董事的,不得超过 5 家
D. 各独立董事不得直接或间接持有甲公司已发行的股份

专题二 合伙企业法

考点 30 普通合伙企业

(一)普通合伙企业的设立

110. 2022 回忆/任

甲、乙、丙共同出资设立一家玩具店(普通合伙企业)。甲用一套商住房屋的使用权和现金 30 万元出资。房屋交付玩具店作为经营店面,但是没有过户登记。现金按合伙协议约定应于 2025 年 12 月底前缴纳。后因经营不佳,玩具店欠丁公司货款到期无力清偿。下列说法正确的是:③

---

① AC ② A ③ B

A. 丁公司可要求甲对玩具店提前缴纳出资
B. 丁公司可要求甲对玩具店未清偿的债务承担无限连带责任
C. 甲应将房屋过户给玩具店并办理登记手续
D. 甲可以未到出资期限抗辩丁公司的偿债请求

111. 2011/3/29/单

甲、乙、丙、丁打算设立一家普通合伙企业。对此,下列哪一表述是正确的?①

A. 各合伙人不得以劳务作为出资
B. 如乙仅以其房屋使用权作为出资,则不必办理房屋产权过户登记
C. 该合伙企业名称中不得以任何一个合伙人的名字作为商号或字号
D. 合伙协议经全体合伙人签名、盖章并经登记后生效

(二)普通合伙企业的财产与损益分配

112. 2013/3/92/任

高崎、田一、丁福三人共同出资200万元,于2011年4月设立"高田丁科技投资中心(普通合伙)",从事软件科技的开发与投资。其中高崎出资160万元,田、丁分别出资20万元,由高崎担任合伙事务执行人。

2012年6月,丁福为向钟冉借钱,作为担保方式,而将自己的合伙财产份额出质给钟冉。下列说法正确的是:②

A. 就该出质行为,高、田二人均享有一票否决权
B. 该合伙财产份额质权,须经合伙协议记载与工商登记才能生效
C. 在丁福伪称已获高、田二人同意,而钟冉又为善意时,钟冉善意取得该质权
D. 在丁福未履行还款义务,如钟冉享有质权并主张以拍卖方式实现时,高、田二人享有优先购买权

113. 2010/3/34/单

关于合伙企业的利润分配,如合伙协议未作约定且合伙人协商不成,下列哪一选项是正确的?③

A. 应当由全体合伙人平均分配
B. 应当由全体合伙人按实缴出资比例分配
C. 应当由全体合伙人按合伙协议约定的出资比例分配

---

① B ② AD ③ B

D. 应当按合伙人的贡献决定如何分配

(三)普通合伙企业事务的执行

114. 2020 回忆/任

诚意商行是秦某和郑某共同出资设立的普通合伙企业,于 2020 年 4 月完成设立登记并领取营业执照,合伙协议约定秦某是合伙事务执行人。2020 年 3 月,在合伙企业筹备阶段,秦某以合伙企业名义和甲公司签了一份购买测温仪的合同。2020 年 5 月,郑某了解到乙公司还有测温仪存货,遂以合伙企业名义和乙公司签订了购买合同。后来市场测温仪需求大降,甲公司现在要求还款,乙公司要求履行合同。关于本案,下列说法不正确的是:①

A. 秦某与甲公司签订的购买测温仪的合同,不得以诚意商行的名义签订
B. 乙公司无权要求郑某承担责任
C. 乙公司可主张秦某、郑某对合伙企业债务承担连带责任
D. 郑某无权以合伙企业的名义对外签订合同,故乙公司无权要求诚意商行履行合同

115. 2019 回忆/多

甲和乙设立冰封火锅店(普通合伙企业),出资比例分别是 80% 和 20%,合伙协议约定甲是合伙企业事务执行人。后甲聘请国外留学回来的丙担任火锅店的经营管理人员,全权负责火锅店的运营事务。乙后来得知此消息,但未对此事表态。丙大胆更换了火锅店的大厨和服务员,火锅店生意日渐好转,终扭亏为盈。一年后,为扩大火锅店的规模,丙以合伙企业名义向丁借款 100 万元用于火锅店的经营,并以火锅店的店面做抵押。下列哪些说法是正确的?②

A. 丙无权以火锅店店面做抵押
B. 丙无权更换大厨和服务员
C. 丙自乙知情后正式成为火锅店的经营管理人员
D. 丙无权以合伙企业名义向丁借款

116. 2017/3/29/单

逐道茶业是一家生产销售野生茶叶的普通合伙企业,合伙人分别为赵、钱、孙。合伙协议约定如下:第一,赵、钱共同担任合伙事务执行人;第

① BD ② AC

二,赵、钱共同以合伙企业名义对外签约时,单笔标的额不得超过30万元。对此,下列哪一选项是正确的?①

A. 赵单独以合伙企业名义,与甲茶农达成协议,以12万元的价格收购其茶园的茶叶,该协议为有效约定
B. 孙单独以合伙企业名义,与乙茶农达成协议,以10万元的价格收购其茶园的茶叶,该协议为无效约定
C. 赵、钱共同以合伙企业名义,与丙茶叶公司签订价值28万元的明前茶销售合同,该合同为有效约定
D. 赵、钱共同以合伙企业名义,与丁茶叶公司签订价值35万元的明前茶销售合同,该合同为无效约定

117. 2015/3/29/单

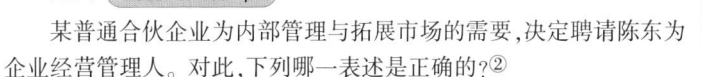

某普通合伙企业为内部管理与拓展市场的需要,决定聘请陈东为企业经营管理人。对此,下列哪一表述是正确的?②

A. 陈东可以同时具有合伙人身份
B. 对陈东的聘任须经全体合伙人的一致同意
C. 陈东作为经营管理人,有权以合伙企业的名义对外签订合同
D. 合伙企业对陈东对外代表合伙企业权利的限制,不得对抗第三人

118. 甲、乙、丙三人共同商定出资设立一家普通合伙企业,其中约定乙以其所有房屋的使用权出资,企业的财务由甲负责。2015年4月,该合伙企业亏损巨大。5月,见股市大涨,在丙不知情的情况下,甲与乙直接将企业账户中的400万元资金,以企业名义委托给某投资机构来进行股市投资。同时,乙自己也将上述房屋以600万元变卖并过户给丁,房款全部用来炒股。至6月下旬,投入股市资金所剩无几。丙得知情况后突发脑溢血死亡。

请回答第(1)~(3)题。

(1) 2015/3/92/任

关于甲、乙将400万元资金委托投资股市的行为,下列说法正确的是:③

A. 属于无权处分行为
B. 属于改变合伙企业经营范围的行为
C. 就委托投资失败,甲、乙应负连带赔偿责任

① C ② B ③ C

| 刷题表 | 时 间 | 题号 | 一刷 | 二刷 | 题号 | 一刷 | 二刷 | 题号 | 一刷 | 二刷 | 题号 | 一刷 | 二刷 |

D. 就委托投资失败,该受托的投资机构须承担连带责任

(2) 2015/3/93/任

关于乙将房屋出卖的行为,下列选项正确的是:①

A. 构成无权处分行为

B. 丁取得该房屋所有权

C. 丁无权要求合伙企业搬出该房屋

D. 乙对合伙企业应承担违约责任

(3) 2015/3/94/任

假设丙有继承人戊,则就戊的权利,下列说法错误的是:②

A. 自丙死亡之时起,戊即取得该合伙企业的合伙人资格

B. 因合伙企业账面上已处于亏损状态,戊可要求解散合伙企业并进行清算

C. 就甲委托投资股市而失败的行为,戊可直接向甲主张赔偿

D. 就乙出卖房屋而给企业造成的损失,戊可直接向乙主张赔偿

119. 2014/3/73/多

通源商务中心为一家普通合伙企业,合伙人为赵某、钱某、孙某、李某、周某。就合伙事务的执行,合伙协议约定由赵某、钱某二人负责。下列哪些表述是正确的?③

A. 孙某仍有权以合伙企业的名义对外签订合同

B. 对赵某、钱某的业务执行行为,李某享有监督权

C. 对赵某、钱某的业务执行行为,周某享有异议权

D. 赵某以合伙企业名义对外签订合同时,钱某享有异议权

120. 王某、张某、田某、朱某共同出资180万元,于2012年8月成立绿园商贸中心(普通合伙)。其中王某、张某各出资40万元,田某、朱某各出资50万元;就合伙事务的执行,合伙协议未特别约定。请回答第(1)、(2)题。

(1) 2014/3/92/任

2013年9月,鉴于王某、张某业务能力不足,经合伙人会议决定,王某不再享有对外签约权,而张某的对外签约权仅限于每笔交易额3万元以下。关于该合伙人决议,下列选项正确的是:④

A. 因违反合伙人平等原则,剥夺王某对外签约权的决议应为无效

---

① BD ② ABCD ③ BD ④ CD

· 42 ·

B. 王某可以此为由向其他合伙人主张赔偿其损失

C. 张某此后对外签约的标的额超过3万元时,须事先征得王某、田某、朱某的同意

D. 对张某的签约权限制,不得对抗善意相对人

(2) 2014/3/93/任

2014年1月,田某以合伙企业的名义,自京顺公司订购价值80万元的节日礼品,准备在春节前转销给某单位。但对这一礼品订购合同的签订,朱某提出异议。就此,下列选项正确的是:①

A. 因对合伙企业来说,该合同标的额较大,故田某在签约前应取得朱某的同意

B. 朱某的异议不影响该合同的效力

C. 就田某的签约行为所产生的债务,王某无须承担无限连带责任

D. 就田某的签约行为所产生的债务,朱某须承担无限连带责任

121. 2011/3/30/单

赵、钱、孙、李设立一家普通合伙企业。经全体合伙人会议决定,委托赵与钱执行合伙事务,对外代表合伙企业。对此,下列哪一表述是错误的?②

A. 孙、李仍享有执行合伙事务的权限

B. 孙、李有权监督赵、钱执行合伙事务的情况

C. 如赵单独执行某一合伙事务,钱可以对赵执行的事务提出异议

D. 如赵执行事务违反合伙协议,孙、李有权决定撤销对赵的委托

122. 张、王、李、赵各出资四分之一,设立通程酒吧(普通合伙企业)。合伙协议未约定合伙期限。现围绕合伙份额转让、酒吧管理等事项,回答第(1)、(2)题。

(1) 2011/3/93/任

酒吧开业1年后,经营环境急剧变化,全体合伙人开会,协商对策。按照《合伙企业法》规定,下列事项的表决属于有效表决的是:③

A. 张某认为"通程"二字没有吸引力,提议改为"同升酒吧"。王某、赵某同意,但李某反对

B. 鉴于生意清淡,王某提议暂停业1个月,装修整顿。张某、赵某同意,

① BD ② A ③ B

但李某反对

C. 鉴于酒吧之急需,赵某提议将其一批咖啡机卖给酒吧。张某、王某同意,但李某反对

D. 鉴于4人缺乏酒吧经营之道,李某提议聘任其友汪某为合伙经营管理人。张某、王某同意,但赵某反对

(2) 2011/3/94/任

经全体合伙人同意,林某被聘任为酒吧经营管理人,在其受聘期间自主决定采取的下列管理措施符合《合伙企业法》规定的是:①

A. 为改变经营结构扩大影响力,将经营范围扩展至法国红酒代理销售业务

B. 为改变资金流量不足情况,以酒吧不动产为抵押,向某银行借款50万元

C. 为营造气氛,以酒吧名义与某音乐师签约,约定音乐师每晚在酒吧表演2小时

D. 为整顿员工工作纪律,开除2名经常被顾客投诉的员工,招聘3名新员工

(四)普通合伙企业与第三人(债务人)的关系

123. 2016/3/2/单

甲企业是由自然人安琚与乙企业(个人独资)各出资50%设立的普通合伙企业,欠丙企业货款50万元,由于经营不善,甲企业全部资产仅剩20万元。现所欠货款到期,相关各方因货款清偿发生纠纷。对此,下列哪一表述是正确的?②

A. 丙企业只能要求安琚与乙企业各自承担15万元的清偿责任

B. 丙企业只能要求甲企业承担清偿责任

C. 欠款应先以甲企业的财产偿还,不足部分由安琚与乙企业承担无限连带责任

D. 就乙企业对丙企业的应偿债务,乙企业投资人不承担责任

124. 2016/3/30/单

兰艺咖啡店是罗飞、王曼设立的普通合伙企业,合伙协议约定罗飞是合伙事务执行人且承担全部亏损。为扭转经营亏损局面,王曼将兰艺咖

① CD ② C

啡店加盟某知名品牌,并以合伙企业的名义向陈阳借款 20 万元支付了加盟费。陈阳现在要求还款。关于本案,下列哪一说法是正确的?①

A. 王曼无权以合伙企业的名义向陈阳借款
B. 兰艺咖啡店应以全部财产对陈阳承担还款责任
C. 王曼不承担对陈阳的还款责任
D. 兰艺咖啡店、王曼和罗飞对陈阳的借款承担无限连带责任

125. 2015/3/71/多

2015 年 6 月,刘璋向顾谐借款 50 万元用来炒股,借期 1 个月,结果恰遇股市动荡,刘璋到期不能还款。经查明,刘璋为某普通合伙企业的合伙人,持有 44%的合伙份额。对此,下列哪些说法是正确的?②

A. 顾谐可主张以刘璋自该合伙企业中所分取的收益来清偿债务
B. 顾谐可主张对刘璋合伙份额进行强制执行
C. 对刘璋的合伙份额进行强制执行时,其他合伙人不享有优先购买权
D. 顾谐可直接向合伙企业要求对刘璋进行退伙处理,并以退伙结算所得来清偿债务

126. 2014/3/94/任

王某、张某、田某、朱某共同出资 180 万元,于 2012 年 8 月成立绿园商贸中心(普通合伙)。其中王某、张某各出资 40 万元,田某、朱某各出资 50 万元;就合伙事务的执行,合伙协议未特别约定。2014 年 4 月,朱某因抄底买房,向刘某借款 50 万元,约定借期四个月。四个月后,因房地产市场不景气,朱某亏损不能还债。关于刘某对朱某实现债权,下列选项正确的是:③

A. 可代位行使朱某在合伙企业中的权利
B. 可就朱某在合伙企业中分得的收益主张清偿
C. 可申请对朱某的合伙财产份额进行强制执行
D. 就朱某的合伙份额享有优先受偿权

127. 2012/3/72/多

周橘、郑桃、吴柚设立一家普通合伙企业,从事服装贸易经营。郑桃因炒股欠下王椰巨额债务。下列哪些表述是正确的?④

A. 王椰可以郑桃从合伙企业中分得的利益来受偿

① B ② AB ③ BC ④ ACD

B. 郑桃不必经其他人同意,即可将其合伙财产份额直接抵偿给王椰
C. 王椰可申请强制执行郑桃的合伙财产份额
D. 对郑桃的合伙财产份额的强制执行,周橘和吴柚享有优先购买权

128. 2010/3/33/单

根据《合伙企业法》规定,第三人有理由相信有限合伙人为普通合伙人并与其交易的,该有限合伙人对该笔交易承担与普通合伙人同样的责任。关于此规定在合伙法原理上的称谓,下列哪一选项是正确的?①

A. 事实合伙
B. 表见普通合伙
C. 特殊普通合伙
D. 隐名合伙

129. 2010/3/74/多

张某向陈某借款50万作为出资,与李某、王某成立一家普通合伙企业。二年后借款到期,张某无力还款。对此,下列哪些说法是正确的?②

A. 经李某和王某同意,张某可将自己的财产份额作价转让给陈某,以抵销部分债务
B. 张某可不经李某和王某同意,将其在合伙中的份额进行出质,用获得的贷款偿还债务
C. 陈某可直接要求法院强制执行张某在合伙企业中的财产以实现自己的债权
D. 陈某可要求李某和王某对张某的债务承担连带责任

130. 2008/3/25/单

甲、乙、丙、丁成立一普通合伙企业,一年后甲转为有限合伙人。此前,合伙企业欠银行债务30万元,该债务直至合伙企业因严重资不抵债被宣告破产仍未偿还。对该30万元银行债务的偿还,下列哪一选项是正确的?③

A. 乙、丙、丁应按合伙份额对该笔债务承担清偿责任,甲无须承担责任
B. 各合伙人均应对该笔债务承担无限连带责任
C. 乙、丙、丁应对该笔债务承担无限连带责任,甲无须承担责任
D. 合伙企业已宣告破产,债务归于消灭,各合伙人无须偿还该笔债务

① B ② AC ③ B

（五）普通合伙人的入伙与退伙

131． 2021 回忆/多

甲、乙、丙于 2019 年开了一家川菜馆（普通合伙），合伙协议约定经营期限为 10 年。后因市场不景气，该企业一直经营不佳。2021 年 3 月，因资金短缺，甲等三位合伙人邀请丁入伙。出于对甲等三人的信任，丁未对该合伙企业调查，即签订了入伙协议，并登记成为合伙人。丁入伙后得知了企业的真实经营状况，后悔不已，遂要求撤销入伙协议，但遭甲等三人的反对。丁见撤销协议无望，于是转而要求退伙。2021 年 6 月 1 日，甲等三人同意，合伙企业于 2021 年 6 月 10 日为丁办理了退伙的变更登记。下列哪些说法是正确的？①

A. 丁签订入伙协议后即应对入伙前合伙企业的债务承担无限连带责任

B. 丁有权主张因为重大误解撤销入伙协议

C. 丁的退伙应当于 2021 年 6 月 1 日起生效

D. 对于 2021 年 6 月 10 日后该企业对外所负债务，丁也应承担无限连带责任

132． 2014/3/30/单

2010 年 5 月，贾某以一套房屋作为投资，与几位朋友设立一家普通合伙企业，从事软件开发。2014 年 6 月，贾某举家移民海外，故打算自合伙企业中退出。对此，下列哪一选项是正确的？②

A. 在合伙协议未约定合伙期限时，贾某向其他合伙人发出退伙通知后，即发生退伙效力

B. 因贾某的退伙，合伙企业须进行清算

C. 退伙后贾某可向合伙企业要求返还该房屋

D. 贾某对退伙前合伙企业的债务仍须承担无限连带责任

133． 2013/3/71/多

甲、乙、丙于 2010 年成立一家普通合伙企业，三人均享有合伙事务执行权。2013 年 3 月 1 日，甲被法院宣告为无民事行为能力人。3 月 5 日，丁因不知情找到甲商谈一笔生意，甲以合伙人身份与丁签订合同。下列哪些选项是错误的？③

A. 因丁不知情，故该合同有效，对合伙企业具有约束力

---

① ABC　② D　③ ABD

B. 乙与丙可以甲丧失行为能力为由,一致决议将其除名
C. 乙与丙可以甲丧失行为能力为由,一致决议将其转为有限合伙人
D. 如甲因丧失行为能力而退伙,其退伙时间为其无行为能力判决的生效时间

134． 2011/3/71/多

2009年3月,周、吴、郑、王以普通合伙企业形式开办一家湘菜馆。2010年7月,吴某因车祸死亡,其妻欧某为唯一继承人。在下列哪些情形中,欧某不能通过继承的方式取得该合伙企业的普通合伙人资格?①

A. 吴某之父对欧某取得合伙人资格表示异议
B. 合伙协议规定合伙人须具有国家一级厨师资格证,欧某不具有
C. 郑某不愿意接纳欧某为合伙人
D. 欧某因夫亡突遭打击,精神失常,经法院宣告为无民事行为能力人

135． 2011/3/92/任

张、王、李、赵各出资四分之一,设立通程酒吧(普通合伙企业)。合伙协议未约定合伙期限。

酒吧开业半年后,张某在经营理念上与其他合伙人冲突,遂产生退出想法。下列说法正确的是:②

A. 可将其份额转让给王某,且不必事先告知赵某、李某
B. 可经王某、赵某同意后,将其份额转让给李某的朋友刘某
C. 可主张发生其难以继续参加合伙的事由,向其他人要求立即退伙
D. 可在不给合伙事务造成不利影响的前提下,提前30日通知其他合伙人要求退伙

136． 2009/3/28/单

普通合伙企业合伙人李某因车祸遇难,生前遗嘱指定16岁的儿子李明为其全部财产继承人。下列哪一表述是错误的?③

A. 李明有权继承其父在合伙企业中的财产份额
B. 如其他合伙人均同意,李明可以取得有限合伙人资格
C. 如合伙协议约定合伙人必须是完全行为能力人,则李明不能成为合伙人
D. 应当待李明成年后由其本人作出其是否愿意成为合伙人的意思表示

① BCD ② D ③ D

137. 2008/3/26/单

2007年1月,甲、乙、丙设立一普通合伙企业。2008年2月,甲与戊结婚。2008年7月,甲因车祸去世。甲除戊外没有其他亲人,合伙协议对合伙人资格取得或丧失未作约定。下列哪一选项是正确的?①

A. 合伙企业中甲的财产份额属于夫妻共同财产
B. 戊依法自动取得合伙人地位
C. 经乙、丙一致同意,戊取得合伙人资格
D. 只能由合伙企业向戊退还甲在合伙企业中的财产份额

考点31 特殊的普通合伙企业

138. 2015/3/72/多

君平昌成律师事务所是一家采取特殊普通合伙形式设立的律师事务所,曾君、郭昌是其中的两名合伙人。在一次由曾君主办、郭昌辅办的诉讼代理业务中,因二人的重大过失而泄露客户商业秘密,导致该所对客户应承担巨额赔偿责任。关于该客户的求偿,下列哪些说法是正确的?②

A. 向该所主张全部赔偿责任
B. 向曾君主张无限连带赔偿责任
C. 向郭昌主张补充赔偿责任
D. 向该所其他合伙人主张连带赔偿责任

考点32 有限合伙企业

139. 2021回忆/单

某游戏室是一家有限合伙企业,其中宁某是普通合伙人,谢某、崔某均为有限合伙人。两年后,郑某作为有限合伙人入伙,其入伙协议约定:郑某出资10万元,分期缴纳,以其进行游戏机维护工作的工资逐月抵充。入伙协议签订后,宁某并未办理变更登记。后谢某将其份额转让给合伙企业以外的第三人,但未按照合伙协议的约定提前30日通知其他合伙人。崔某将合伙企业的份额出质给了甲公司作为自己的融资担保。据此,下列哪一说法是正确的?③

A. 合伙协议中关于郑某的出资约定合法有效
B. 因合伙企业未变更登记,所以郑某不具有合伙人资格

① C ② AB ③ A

C. 谢某因未提前 30 日通知其他合伙人,所以转让无效
D. 崔某的出质行为因未得到其他合伙人的一致同意而无效

140． 2019 回忆/多

杨某、段某、郭某、黄某、周某是某有限合伙企业的合伙人,其中杨某是普通合伙人,其余四人是有限合伙人。合伙协议对合伙份额的转让、质押等处分行为未作约定。下列哪些说法是正确的?①

A. 杨某死亡后,其合法继承人有权继承杨某在该合伙企业中的份额
B. 段某的债权人申请法院执行段某的合伙份额偿还债务,其他合伙人不能主张优先购买权
C. 郭某对外转让其合伙份额时,其他合伙人无权主张优先购买权
D. 黄某可随时转让其合伙份额给周某

141． 2017/3/72/多

雀凰投资是有限合伙企业,从事私募股权投资活动。2017 年 3 月,三江有限公司决定入伙雀凰投资,成为其有限合伙人。对此,下列哪些选项是错误的?②

A. 如合伙协议无特别约定,则须经全体普通合伙人一致同意,三江公司才可成为新的有限合伙人
B. 对入伙前雀凰投资的对外负债,三江公司仅以实缴出资额为限承担责任
C. 三江公司入伙后,有权查阅雀凰投资的财务会计账簿
D. 如合伙协议无特别约定,则三江公司入伙后,原则上不得自营与雀凰投资相竞争的业务

142． 2016/3/72/多

灏德投资是一家有限合伙企业,专门从事新能源开发方面的风险投资。甲公司是灏德投资的有限合伙人,乙和丙是普通合伙人。关于合伙协议的约定,下列哪些选项是正确的?③

A. 甲公司派驻灏德投资的员工不领取报酬,其劳务折抵 10% 的出资
B. 甲公司不得与其他公司合作从事新能源方面的风险投资
C. 甲公司不得将自己在灏德投资中的份额设定质权
D. 甲公司不得将自己在灏德投资中的份额转让给他人

---

① CD ② ABCD ③ BC

143． 2015/3/30/单

李军退休后于 2014 年 3 月,以 20 万元加入某有限合伙企业,成为有限合伙人。后该企业的另一名有限合伙人退出,李军便成为唯一的有限合伙人。2014 年 6 月,李军不幸发生车祸,虽经抢救保住性命,但已成为植物人。对此,下列哪一表述是正确的?①

A. 就李军入伙前该合伙企业的债务,李军仅需以 20 万元为限承担责任
B. 如李军因负债累累而丧失偿债能力,该合伙企业有权要求其退伙
C. 因李军已成为植物人,故该合伙企业有权要求其退伙
D. 因唯一的有限合伙人已成为植物人,故该有限合伙企业应转为普通合伙企业

144． 高崎、田一、丁福三人共同出资 200 万元,于 2011 年 4 月设立"高田丁科技投资中心(普通合伙)",从事软件科技的开发与投资。其中高崎出资 160 万元,田、丁分别出资 20 万元,由高崎担任合伙事务执行人。

请回答第(1)、(2)题:

(1) 2013/3/93/任

2013 年 2 月,高崎为减少自己的风险,向田、丁二人提出转变为有限合伙人的要求。对此,下列说法正确的是:②

A. 须经田、丁二人的一致同意
B. 未经合伙企业登记机关登记,不得对抗第三人
C. 转变后,高崎可以出资最多为由,要求继续担任合伙事务执行人
D. 转变后,对于 2013 年 2 月以前的合伙企业债务,经各合伙人决议,高崎可不承担无限连带责任

(2) 2013/3/94/任

2013 年 5 月,有限合伙人高崎将其一半合伙财产份额转让给贾骏。同年 6 月,高崎的债权人李耕向法院申请强制执行其另一半合伙财产份额。对此,下列选项正确的是:③

A. 高崎向贾骏转让合伙财产份额,不必经田、丁的同意
B. 就高崎向贾骏转让的合伙财产份额,田、丁可主张优先购买权
C. 李耕申请法院强制执行高崎的合伙财产份额,不必经田、丁的同意
D. 就李耕申请法院强制执行高崎的合伙财产份额,田、丁可主张优先购买权

---

① A　② AB　③ ACD

| 刷题表 | 时 间 | 题号 | 一刷 | 二刷 | 题号 | 一刷 | 二刷 | 题号 | 一刷 | 二刷 | 题号 | 一刷 | 二刷 |

145． 2009/3/27/单

甲是某有限合伙企业的有限合伙人，持有该企业15%的份额。在合伙协议无特别约定的情况下，甲在合伙期间未经其他合伙人同意实施了下列行为，其中哪一项违反《合伙企业法》规定？①

A. 将自购的机器设备出租给合伙企业使用
B. 以合伙企业的名义购买汽车一辆归合伙企业使用
C. 以自己在合伙企业中的财产份额向银行提供质押担保
D. 提前一个月通知其他合伙人将其部分合伙份额转让给合伙人以外的人

146． 2009/3/74/多

甲乙丙三人拟共同设立一个有限合伙企业，下列哪些表述是错误的？②

A. 该有限合伙企业至少应当有一个普通合伙人
B. 经合伙协议约定，有限合伙人可以货币、实物、劳务、知识产权或其他财产作价出资
C. 经合伙协议约定，有限合伙人可以执行部分合伙事务
D. 如有限合伙人转为普通合伙人，则对其作为有限合伙人期间企业的债务不承担连带责任

147． 2008/3/69/多

甲、乙、丙、丁欲设立一有限合伙企业，合伙协议中约定了如下内容，其中哪些符合法律规定？③

A. 甲仅以出资额为限对企业债务承担责任，同时被推举为合伙事务执行人
B. 丙以其劳务出资，为普通合伙人，其出资份额经各合伙人商定为5万元
C. 合伙企业的利润由甲、乙、丁三人分配，丙仅按营业额提取一定比例的劳务报酬
D. 经全体合伙人同意，有限合伙人可以全部转为普通合伙人，普通合伙人也可以全部转为有限合伙人

148． 2008/3/70/多

贾某是一有限合伙企业的有限合伙人。下列哪些选项是正确的？④

---

① B ② BCD ③ BC ④ BCD

52

A. 若贾某被法院判决认定为无民事行为能力人,其他合伙人可以因此要求其退伙
B. 若贾某死亡,其继承人可以取得贾某在有限合伙企业中的资格
C. 若贾某转为普通合伙人,其必须对其作为有限合伙人期间企业发生的债务承担无限连带责任
D. 如果合伙协议没有限制,贾某可以不经过其他合伙人同意而将其在合伙企业中的财产份额出质

考点33 合伙的解散与清算

149. 2018回忆/多

甲、乙共同经营一家普通合伙企业,共同决定聘请丙担任合伙企业的经营管理人员。后因经营管理不善该合伙企业面临破产,甲、乙授权丙负责组织清算。在清算过程中,丙收受丁的好处若干,擅自免除了丁对合伙企业的100万元债务,并虚构了合伙企业对戊的一笔20万元债务。下列哪些说法是正确的?①

A. 丙不能担任合伙企业的清算人
B. 丙应对合伙企业的债权人承担赔偿责任
C. 丙应对该合伙企业承担赔偿责任
D. 合伙企业注销后,甲和乙对合伙企业债务仍应承担无限连带责任

专题三 个人独资企业法

考点34 个人独资企业法

150. 2017/3/30/单

"李老汉私房菜"是李甲投资开设的个人独资企业。关于该企业遇到的法律问题,下列哪一选项是正确的?②

A. 如李甲在申请企业设立登记时,明确表示以其家庭共有财产作为出资,则该企业是以家庭成员为全体合伙人的普通合伙企业
B. 如李甲一直让其子李乙负责企业的事务管理,则应认定为以家庭共有财产作为企业的出资
C. 如李甲决定解散企业,则在解散后5年内,李甲对企业存续期间的债务,仍应承担偿还责任

---

① BCD ② C

D. 如李甲死后该企业由其子李乙与其女李丙共同继承,则该企业必须分立为两家个人独资企业

151． 2013/3/30/单
关于合伙企业与个人独资企业的表述,下列哪一选项是正确的?①
A. 二者的投资人都只能是自然人
B. 二者的投资人都一律承担无限责任
C. 个人独资企业可申请变更登记为普通合伙企业
D. 合伙企业不能申请变更登记为个人独资企业

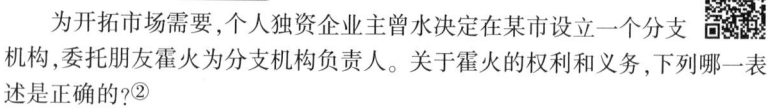

152． 2012/3/29/单
为开拓市场需要,个人独资企业主曾水决定在某市设立一个分支机构,委托朋友霍火为分支机构负责人。关于霍火的权利和义务,下列哪一表述是正确的?②
A. 应承担该分支机构的民事责任
B. 可以从事与企业总部相竞争的业务
C. 可以将自己的货物直接出卖给分支机构
D. 经曾水同意可以分支机构财产为其弟提供抵押担保

153． 2009/3/96/任
张某有200万元资金,打算在烟台投资设立一家注册资本为300万元左右的餐饮企业。关于如何设立与管理企业,请回答。
如张某拟设立一家个人独资企业,下列表述正确的是:③
A. 该企业的名称中不能含有"公司"字样
B. 如张某死亡,其继承人可以继承投资人的身份
C. 如该企业解散,必须由法院指定的清算人进行清算
D. 该企业应当依法缴纳企业所得税

专题四　外商投资法

考点35 外商投资法

154． 2020回忆/多
某外商在外商投资准入负面清单之外,以股权转让的方式入股了

① C　② D　③ AB(原答案为B)

甲公司。原股权出让人乙公司反悔,认为该股权转让投资合同未经有关部门批准,是无效的合同,现诉诸法院。依有关规定及司法解释,下列哪些选项是正确的?①

A. 乙公司以股权转让投资合同未经有关部门批准为由主张合同无效的,人民法院不予支持
B. 若该股权转让投资合同签订于《外商投资法》施行前,不适用负面清单的规定
C. 国家对负面清单之外的外商投资,给予最惠国待遇
D. 对外商投资负面清单以外的领域,依内外资一致的原则实施管理

155. 2019 回忆/多

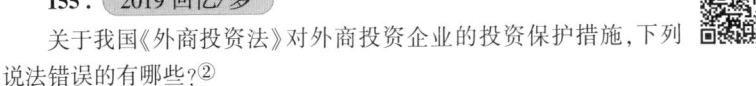

关于我国《外商投资法》对外商投资企业的投资保护措施,下列说法错误的有哪些?②

A. 为保障在外商投资过程中开展技术合作,行政机关及其工作人员可以利用行政手段强制转让技术
B. 地方政府制定涉及外商投资的规范性文件,可根据当地经济和社会发展需要设置市场准入和退出条件
C. 地方政府及其有关部门可依权限和程序改变向外国投资者作出的政策承诺
D. 在任何情况下,国家对外国投资者的投资均不实行征收

专题五 企业破产法

考点36 破产原因、破产案件的申请和受理

156. 2022 回忆/单

甲公司欠乙公司货款1500万元。1年后,乙公司索要时,发现甲公司尚有1000万元的资产,但是法定代表人不知所踪,公司也不再经营。对此,下列哪一项说法是正确的?③

A. 乙公司没有向法院申请确认合同债权,不能向法院申请破产
B. 乙公司没有向法院确认甲公司资不抵债,法院不能受理其破产申请
C. 乙公司应当向甲公司所在地的中级法院申请破产
D. 乙公司可以直接向法院申请对甲公司进行破产清算

---

① AD ② ABCD ③ D

刷题表	时　间	题号	一刷	二刷	题号	一刷	二刷	题号	一刷	二刷	题号	一刷	二刷

157． 2021 回忆/单

甲公司被法院裁定破产,管理人接管财产后,通知甲公司门店的出租方乙公司解除租赁协议。乙公司拒绝,表示该协议约定租期为10年,目前尚有3年租期,且按照租赁协议的约定,任何一方无权提前解除协议,对协议履行存在争议的应提交北京仲裁委仲裁。下列哪一说法是正确的?①

A. 协议应由管理人向北京仲裁委提交仲裁申请时解除
B. 协议自管理人通知乙公司解除决定时即自然解除
C. 如仲裁委裁定解除,应自裁定书送达债权人时解除
D. 协议应继续履行,除非双方一致合意解除

158． 2013/3/73/多

2013年3月,债权人甲公司对债务人乙公司提出破产申请。下列哪些选项是正确的?②

A. 甲公司应提交乙公司不能清偿到期债务的证据
B. 甲公司应提交乙公司资产不足以清偿全部债务的证据
C. 乙公司就甲公司的破产申请,在收到法院通知之日起七日内可向法院提出异议
D. 如乙公司对甲公司所负债务存在连带保证人,则其可以该保证人具有清偿能力为由,主张其不具备破产原因

159． 2012/3/71/多

中南公司不能清偿到期债务,债权人天一公司向法院提出对其进行破产清算的申请,但中南公司以其账面资产大于负债为由表示异议。天一公司遂提出各种事由,以证明中南公司属于明显缺乏清偿能力的情形。下列哪些选项符合法律规定的关于债务人明显缺乏清偿能力、无法清偿债务的情形?③

A. 因房地产市场萎缩,构成中南公司核心资产的房地产无法变现
B. 中南公司陷入管理混乱,法定代表人已潜至海外
C. 天一公司已申请法院强制执行中南公司财产,仍无法获得清偿
D. 中南公司已出售房屋质量纠纷多,市场信誉差

---

① B　② AC　③ ABC

刷题表	时 间	题号	一刷	二刷	题号	一刷	二刷	题号	一刷	二刷	题号	一刷	二刷

考点37 破产管理人

160． 2016/3/31/单

祺航公司向法院申请破产，法院受理并指定甲为管理人。债权人会议决定设立债权人委员会。现昊泰公司提出要受让祺航公司的全部业务与资产。甲的下列哪一做法是正确的？①

A. 代表祺航公司决定是否向昊泰公司转让业务与资产

B. 将该转让事宜交由法院决定

C. 提议召开债权人会议决议该转让事宜

D. 作出是否转让的决定并将该转让事宜报告债权人委员会

161． 2009/3/76/多

某破产案件中，债权人向法院提出更换管理人的申请。申请书中指出了如下事实，其中哪些属于主张更换管理人的正当事由？②

A. 管理人列席债权人会议时，未如实报告债务人财产接管情况，并拒绝回答部分债权人询问

B. 管理人将债务人的一处房产转让给第三人，未报告债权人委员会

C. 债权人对债务人在破产申请前曾以还债为名向关联企业划转大笔资金的情况多次要求调查，但管理人一再拖延

D. 管理人将对外追收债款的诉讼业务交给其所在律师事务所办理，并单独计收代理费

考点38 债务人财产的范围

162． 2009/3/29/单

甲公司严重资不抵债，因不能清偿到期债务向法院申请破产。下列哪一财产属于债务人财产？③

A. 甲公司购买的一批在途货物，但尚未支付货款

B. 甲公司从乙公司租用的一台设备

C. 属于甲公司但已抵押给银行的一处厂房

D. 甲公司根据代管协议合法占有的委托人丙公司的两处房产

---

① D ② ABC ③ C

考点39 破产费用和共益债务

163. 2017/3/73/多

舜泰公司因资产不足以清偿全部到期债务,法院裁定其重整。管理人为维持公司运行,向齐某借款20万元支付水电费和保安费,约定如1年内还清就不计利息。1年后舜泰公司未还款,还因不能执行重整计划被法院宣告破产。关于齐某的债权,下列哪些选项是正确的?①

A. 与舜泰公司的其他债权同等受偿
B. 应从舜泰公司的财产中随时清偿
C. 齐某只能主张返还借款本金20万元
D. 齐某可主张返还本金20万元和逾期还款的利息

164. 2012/3/30/单

某公司经营不善,现进行破产清算。关于本案的诉讼费用,下列哪一说法是错误的?②

A. 在破产申请人未预先交纳诉讼费用时,法院应裁定不予受理破产申请
B. 该诉讼费用可由债务人财产随时清偿
C. 债务人财产不足时,诉讼费用应先于共益费用受清偿
D. 债务人财产不足以清偿诉讼费用等破产费用的,破产管理人应提请法院终结破产程序

考点40 撤销权和追回权、抵销权、取回权

165. 2020 回忆/任

甲、乙为某公司股东,各自认缴出资100万元。2020年1月1日,法院受理了某公司的破产申请。此时,股东甲认缴出资期限已经届满,但仍未向公司缴纳出资。根据公司章程规定,股东乙的出资期限为2020年10月1日。对此,下列说法正确的是:③

A. 管理人有权要求甲向公司缴纳出资
B. 管理人有权要求乙向公司缴纳出资
C. 公司欠甲100万元货款,甲可主张以其出资债务与公司对其负债抵销
D. 公司欠乙100万元货款,乙可主张以其出资债务与公司对其负债抵销

① BC ② A ③ AB

| 刷题表 | 时　间 | 题号 | 一刷 | 二刷 | 题号 | 一刷 | 二刷 | 题号 | 一刷 | 二刷 | 题号 | 一刷 | 二刷 |

166． 2016/3/73/多

法院受理了利捷公司的破产申请。管理人甲发现,利捷公司与翰扬公司之间的债权债务关系较为复杂。下列哪些说法是正确的?①

A. 翰扬公司的某一项债权有房产抵押,可在破产受理后行使抵押权
B. 翰扬公司与利捷公司有一合同未履行完毕,甲可解除该合同
C. 翰扬公司曾租给利捷公司的一套设备被损毁,侵权人之前向利捷公司支付了赔偿金,翰扬公司不能主张取回该笔赔偿金
D. 茹洁公司对利捷公司负有债务,在破产受理后茹洁公司受让了翰扬公司的一项债权,因此茹洁公司无需再向利捷公司履行等额的债务

167． 2014/3/31/单

2014年6月经法院受理,甲公司进入破产程序。现查明,甲公司所占有的一台精密仪器,实为乙公司委托甲公司承运而交付给甲公司的。关于乙公司的取回权,下列哪一表述是错误的?②

A. 取回权的行使,应在破产财产变价方案或和解协议、重整计划草案提交债权人会议表决之前
B. 乙公司未在规定期限内行使取回权,则其取回权即归于消灭
C. 管理人否认乙公司的取回权时,乙公司可以诉讼方式主张其权利
D. 乙公司未支付相关运输、保管等费用时,保管人可拒绝其取回该仪器

168． 2014/3/74/多

甲公司因不能清偿到期债务且明显缺乏清偿能力,遂于2014年3月申请破产,且法院已受理。经查,在此前半年内,甲公司针对若干债务进行了个别清偿。关于管理人的撤销权,下列哪些表述是正确的?③

A. 甲公司清偿对乙银行所负的且以自有房产设定抵押担保的贷款债务的,管理人可以主张撤销
B. 甲公司清偿对丙公司所负的且经法院判决所确定的货款债务的,管理人可以主张撤销
C. 甲公司清偿对丁公司所负的为维系基本生产所需的水电费债务的,管理人不得主张撤销
D. 甲公司清偿对戊所负的劳动报酬债务的,管理人不得主张撤销

---

① BC　② B　③ CD

169. 2012/3/70/多

甲公司依据买卖合同,在买受人乙公司尚未付清全部货款的情况下,将货物发给乙公司。乙公司尚未收到该批货物时,向法院提出破产申请,且法院已裁定受理。对此,下列哪些选项是正确的?①

A. 乙公司已经取得该批货物的所有权
B. 甲公司可以取回在运货物
C. 乙公司破产管理人在支付全部价款情况下,可以请求甲公司交付货物
D. 货物运到后,甲公司对乙公司的价款债权构成破产债权

170. 2011/3/31/单

2010 年 8 月 1 日,某公司申请破产。8 月 10 日,法院受理并指定了管理人。该公司出现的下列哪一行为属于《破产法》中的欺诈破产行为,管理人有权请求法院予以撤销?②

A. 2009 年 7 月 5 日,将市场价格 100 万元的仓库以 30 万元出售给母公司
B. 2009 年 10 月 15 日,将公司一辆价值 30 万元的汽车赠与甲
C. 2010 年 5 月 5 日,向乙银行偿还欠款 50 万元及利息 4 万元
D. 2010 年 6 月 10 日,以协议方式与债务人丙相互抵销 20 万元债务

考点41 债权申报

171. 2021 回忆/任

甲公司向丙公司借款 2000 万元,期限 5 年。对于该笔借款,乙公司向丙公司出具了担保函,约定到期后若甲公司不能清偿债务,则由乙公司承担清偿责任。后甲公司被法院裁定破产,丙公司向管理人申报了全部债权。此后不久,乙公司也被法院裁定破产。对此,下列说法正确的是:③

A. 若丙公司向乙公司追偿,乙公司有权主张先诉抗辩权
B. 乙公司有权以将来求偿权向甲公司管理人申报债权
C. 丙公司有权向甲公司和乙公司分别申报全部债权
D. 针对甲公司和乙公司的债权和担保债权均停止计息

172. 2019 回忆/多

2018 年 12 月,甲房地产开发公司为开发东方家园小区,向建设

① BCD ② B ③ CD

银行贷款5000万元,约定两年后清偿。乙公司对此贷款提供连带责任担保。2019年5月,甲公司开发的楼盘销售不利导致资金链断裂,不能清偿到期债务,被法院受理破产。2个月后,乙公司业务不景气也被法院受理破产。下列哪些说法是正确的?①

A. 当甲公司被受理破产时,乙公司可用其将来求偿权申报债权
B. 当甲公司被受理破产时,乙公司在向建设银行清偿债务后才能向甲公司追偿
C. 当乙公司被受理破产后,建设银行可分别向甲公司和乙公司申报全额债权
D. 当乙公司对建设银行履行保证责任后,不可向甲公司追偿

173. 2015/3/73/多

A公司因经营不善,资产已不足以清偿全部债务,经申请进入破产还债程序。关于破产债权的申报,下列哪些表述是正确的?②

A. 甲对A公司的债权虽未到期,仍可以申报
B. 乙对A公司的债权因附有条件,故不能申报
C. 丙对A公司的债权虽然诉讼未决,但丙仍可以申报
D. 职工丁对A公司的伤残补助请求权,应予以申报

174. 2011/3/73/多

2011年9月1日,某法院受理了湘江服装公司的破产申请并指定了管理人,管理人开始受理债权申报。下列哪些请求权属于可以申报的债权?③

A. 甲公司的设备余款给付请求权,但根据约定该余款的支付时间为2011年10月30日
B. 乙公司请求湘江公司加工一批服装的合同履行请求权
C. 丙银行的借款偿还请求权,但该借款已经设定财产抵押担保
D. 当地税务机关对湘江公司作出的8万元行政处罚决定

175. 2010/3/32/单

辽沈公司因不能清偿到期债务而申请破产清算。法院受理后,管理人开始受理债权人的债权申报。对此,下列哪一债权人申报的债权属于应当受偿的破产债权?④

---

① ACD　② AC　③ AC　④ A

A. 债权人甲的保证人,以其对辽沈公司的将来求偿权进行的债权申报
B. 债权人乙,以其已超过诉讼时效的债权进行的债权申报
C. 债权人丙,要求辽沈公司作为承揽人继续履行承揽合同进行的债权申报
D. 某海关,以其对辽沈公司进行处罚尚未收取的罚款进行的债权申报

176． 2008/3/73/多

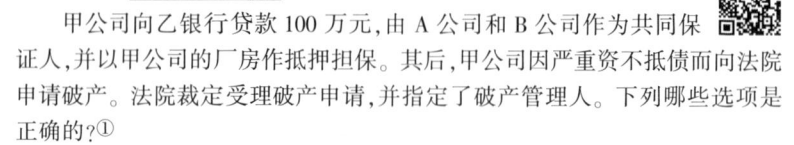

甲公司向乙银行贷款100万元,由A公司和B公司作为共同保证人,并以甲公司的厂房作抵押担保。其后,甲公司因严重资不抵债而向法院申请破产。法院裁定受理破产申请,并指定了破产管理人。下列哪些选项是正确的?①

A. 管理人可以优先清偿乙银行的债务
B. 如A公司已代甲公司偿还了乙银行贷款,则其可向管理人申报100万元债权
C. 如乙银行不申报债权,则A公司或B公司均可向管理人申报100万元债权
D. 如乙银行已申报债权并获40万元分配,则剩余60万债权因破产程序终结而消灭

考点42 债权人会议和债权人委员会

177． 2019 回忆/单

润土商贸有限公司因管理混乱经营陷入困境,于2019年1月经法院裁定进入破产程序,天明律师事务所被指定为破产管理人。2019年3月底,经债权人会议决议,成立债权人委员会。后春水公司与天明律师事务所接洽合作事宜,准备受让润土公司全部的库存和营业事务。关于本案,下列哪一项表述是错误的?②

A. 债权人委员会应包含一名润土公司的职工代表或工会代表
B. 天明律师事务所应将与春水公司的合作事宜事先制作财产管理或者变价方案,并提交债权人会议通过
C. 若天明律师事务所的方案未被债权人会议通过,其可以提交给债权人委员会进行表决
D. 天明律师事务所在实施与春水公司的合作方案前,应报告债权人委员会

---

① BC ② C

刷题表	时 间	题号	一刷	二刷	题号	一刷	二刷	题号	一刷	二刷	题号	一刷	二刷

178． 2012/3/31/单

在某公司破产案件中,债权人会议经出席会议的有表决权的债权人过半数通过,并且其所代表的债权额占无财产担保债权总额的60%,就若干事项形成决议。该决议所涉下列哪一事项不符合《破产法》的规定?①

A．选举8名债权人代表与1名职工代表组成债权人委员会

B．通过债务人财产的管理方案

C．申请法院更换管理人

D．通过和解协议

考点 43 重整程序

179． 2020回忆/单

甲公司申请重整,管理人引进重整投资人乙公司。现要提交重整计划,计划要求持股5%以上的股东无偿转让股权至乙公司,确保最终乙公司持股比例达到67%;对公司持股不足5%的股东的股权暂不调整,但需无条件接受重整计划。李某为持有3%股权的股东。对此重整计划草案的表决,下列哪一项说法是正确的?②

A．应经持股5%以上的所有股东同意

B．李某应当参加重整计划表决

C．需经过甲公司全体股东同意

D．若乙公司和其他债权人同意,无需甲公司股东再作表决

180． 2018回忆/任

2017年3月,鸿飞公司申请重整,重整计划经法院批准后,2017年9月变更公司为清风公司。岳某于2017年1月借给鸿飞公司100万元,约定借款期限为20日,后由于岳某忙于个人事务,未主张其债权。2018年8月,岳某在整理其账单时,发现借条,遂向公司主张还款。下列说法正确的是:③

A．因岳某未在重整计划期间申报债权,故其不得向清风公司主张债权

B．应按照重整计划在同等效力条件下偿还岳某的借款

C．应由清风公司履行债务

D．重整计划对岳某不具有法律效力

---

① D ② A ③ BC

· 63 ·

181. 2017/3/31/单

思瑞公司不能清偿到期债务,债权人向法院申请破产清算。法院受理并指定了管理人。在宣告破产前,持股20%的股东甲认为如引进战略投资者乙公司,思瑞公司仍有生机,于是向法院申请重整。关于重整,下列哪一选项是正确的?①

A. 如甲申请重整,必须附有乙公司的投资承诺
B. 如债权人反对,则思瑞公司不能开始重整
C. 如思瑞公司开始重整,则管理人应辞去职务
D. 只要思瑞公司的重整计划草案获得法院批准,重整程序就终止

182. 2015/3/31/单

关于破产重整的申请与重整期间,下列哪一表述是正确的?②

A. 只有在破产清算申请受理后,债务人才能向法院提出重整申请
B. 重整期间为法院裁定债务人重整之日起至重整计划执行完毕时
C. 在重整期间,经债务人申请并经法院批准,债务人可在管理人监督下自行管理财产和营业事务
D. 在重整期间,就债务人所承租的房屋,即使租期已届至,出租人也不得请求返还

183. 2013/3/74/多

尚友有限公司因经营管理不善,决定依照《破产法》进行重整。关于重整计划草案,下列哪些选项是正确的?③

A. 在尚友公司自行管理财产与营业事务时,由其自己制作重整计划草案
B. 债权人参加讨论重整计划草案的债权人会议时,应按法定的债权分类,分组对该草案进行表决
C. 出席会议的同一表决组的债权人过半数同意重整计划草案,即为该组通过重整计划草案
D. 三分之二以上表决组表决通过重整计划草案,重整计划即为通过

184. 2010/3/79/多

关于破产清算、重整与和解的表述,下列哪些选项是正确的?④

A. 债务人一旦被宣告破产,则不可能再进入重整或者和解程序
B. 破产案件受理后,只有债务人才能提出和解申请

---

① D ② C ③ AB ④ ABC

C. 即使债务人未出现现实的资不抵债情形,也可申请重整程序
D. 重整是破产案件的必经程序

185． 2009/3/30/单

关于破产案件受理后、破产宣告前的程序转换,下列哪一表述是正确的?①

A. 如为债务人申请破产清算的案件,债权人可以申请和解
B. 如为债权人申请债务人破产清算的案件,债务人可以申请重整
C. 如为债权人申请债务人重整的案件,债务人可以申请破产清算
D. 如为债权人申请债务人破产清算的案件,债务人的出资人可以申请和解

专题六 票据法

考点44 票据法基本制度

(一)票据的特征

186． 2014/3/32/单

依票据法原理,票据具有无因性、设权性、流通性、文义性、要式性等特征。关于票据特征的表述,下列哪一选项是错误的?②

A. 没有票据,就没有票据权利
B. 任何类型的票据都必须能够进行转让
C. 票据的效力不受票据赖以发生的原因行为的影响
D. 票据行为的方式若存在瑕疵,不影响票据的效力

(二)票据权利瑕疵

187． 2019 回忆/多

甲公司给乙公司开了一张汇票,付款人为工商银行。乙公司向工商银行确认此票据有效,到期付款。乙公司随后将此票据背书转让给张某。张某遗失此汇票被刘某捡到,刘某仿造张某的签章,把汇票背书转让给丙公司履行其与丙公司的货款给付义务,丙公司按照约定向刘某交货,刘某收到货后将之转卖,携款潜逃。丙公司请求工商银行付款时被告知,经张某申请,法院已经对此票据进行了除权判决。下列哪些说法是正确的?③

---
① B ② D ③ ACD

A. 工商银行不应对丙公司承担付款责任
B. 甲公司应对丙公司承担票据付款责任
C. 乙公司不应对丙公司承担票据付款责任
D. 刘某应对丙公司承担付款责任

188. 2016/3/74/多

甲公司为清偿对乙公司的欠款,开出一张收款人是乙公司财务部长李某的汇票。李某不慎将汇票丢失,王某拾得后在汇票上伪造了李某的签章,并将汇票背书转让给外地的丙公司,用来支付购买丙公司电缆的货款,王某收到电缆后转卖得款,之后不知所踪。关于本案,下列哪些说法是正确的?①

A. 甲公司应当承担票据责任
B. 李某不承担票据责任
C. 王某应当承担票据责任
D. 丙公司应当享有票据权利

189. 2013/3/31/单

甲未经乙同意而以乙的名义签发一张商业汇票,汇票上记载的付款人为丙银行。丁取得该汇票后将其背书转让给戊。下列哪一说法是正确的?②

A. 乙可以无权代理为由拒绝承担该汇票上的责任
B. 丙银行可以该汇票是无权代理为由而拒绝付款
C. 丁对甲的无权代理行为不知情时,丁对戊不承担责任
D. 甲未在该汇票上签章,故甲不承担责任

190. 2012/3/74/多

甲公司签发一张汇票给乙,票面记载金额为10万元,乙取得汇票后背书转让给丙,丙取得该汇票后又背书转让给丁,但将汇票的记载金额由10万元变更为20万元。之后,丁又将汇票最终背书转让给戊。其中,乙的背书签章已不能辨别是在记载金额变更之前,还是在变更之后。下列哪些选项是正确的?③

A. 甲应对戊承担10万元的票据责任
B. 乙应对戊承担20万元的票据责任

① ABD ② A ③ AC

C. 丙应对戊承担 20 万元的票据责任

D. 丁应对戊承担 10 万元的票据责任

191． 2008/3/72/多

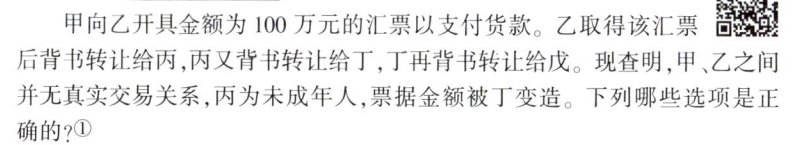

甲向乙开具金额为 100 万元的汇票以支付货款。乙取得该汇票后背书转让给丙，丙又背书转让给丁，丁再背书转让给戊。现查明，甲、乙之间并无真实交易关系，丙为未成年人，票据金额被丁变造。下列哪些选项是正确的？①

A. 尽管甲、乙之间没有真实交易，但该汇票仍然有效

B. 尽管丙为未成年人，但其在票据上的签章仍然有效

C. 尽管票据金额已被丁变造，但该汇票仍然有效

D. 戊不能向甲、乙行使票据上的追索权

（三）失票救济

192． 2018 回忆/单

甲公司向乙公司采购一批商品，为了支付货款，向乙公司签发一张由甲公司出票、乙公司收款、城市银行付款的银行承兑汇票，金额 100 万元，城市银行对汇票进行了承兑。2018 年 2 月，乙公司将此票据背书转让给丙公司。2018 年 3 月，丙公司办公楼失火，票据被烧毁，仅有留档的复印件，甲公司、乙公司均在此复印件上加盖印章以说明彼此的交易情况。下列哪一项说法是正确的？②

A. 丙公司凭票据复印件向城市银行提示付款，城市银行应无条件承担付款责任

B. 丙公司可持票据复印件向乙公司主张付款责任

C. 丙公司可持票据复印件向甲公司主张付款责任

D. 城市银行无需承担票据责任

193． 2017/3/32/单

亿凡公司与五悦公司签订了一份买卖合同，由亿凡公司向五悦公司供货；五悦公司经连续背书，交付给亿凡公司一张已由银行承兑的汇票。亿凡公司持该汇票请求银行付款时，得知该汇票已被五悦公司申请公示催告，但法院尚未作出除权判决。关于本案，下列哪一选项是正确的？③

A. 银行对该汇票不再承担付款责任

---

① AC（原答案为 AD） ② D ③ C

B. 五悦公司因公示催告可行使票据权利
C. 亿凡公司仍享有该汇票的票据权利
D. 法院应作出判决宣告票据无效

194． 2014/3/75/多

甲向乙购买原材料,为支付货款,甲向乙出具金额为 50 万元的商业汇票一张,丙银行对该汇票进行了承兑。后乙不慎将该汇票丢失,被丁拾到。乙立即向付款人丙银行办理了挂失止付手续。下列哪些选项是正确的?①

A. 乙因丢失票据而确定性地丧失了票据权利
B. 乙在遗失汇票后,可直接提起诉讼要求丙银行付款
C. 如果丙银行向丁支付了票据上的款项,则丙应向乙承担赔偿责任
D. 乙在通知挂失止付后十五日内,应向法院申请公示催告

195． 2012/3/32/单

关于票据丧失时的法律救济方式,下列哪一说法是错误的?②

A. 通知票据付款人挂失止付
B. 申请法院公示催告
C. 向法院提起诉讼
D. 不经挂失止付不能申请公示催告或者提起诉讼

(四)票据抗辩

196． 2016/3/32/单

甲公司为履行与乙公司的箱包买卖合同,签发一张以乙公司为收款人、某银行为付款人的汇票,银行也予以了承兑。后乙公司将该汇票背书赠与给丙。此时,甲公司发现乙公司的箱包为假冒伪劣产品。关于本案,下列哪一选项是正确的?③

A. 该票据无效
B. 甲公司不能拒绝乙公司的票据权利请求
C. 丙应享有票据权利
D. 银行应承担票据责任

197． 2011/3/74/多

潇湘公司为支付货款向楚天公司开具一张金额为 20 万元的银行

① BC ② D ③ D

承兑汇票,付款银行为甲银行。潇湘公司收到楚天公司货物后发现有质量问题,立即通知甲银行停止付款。另外,楚天公司尚欠甲银行贷款 30 万元未清偿。下列哪些说法是错误的?①

A. 该汇票须经甲银行承兑后才发生付款效力
B. 根据票据的无因性原理,甲银行不得以楚天公司尚欠其贷款未还为由拒绝付款
C. 如甲银行在接到潇湘公司通知后仍向楚天公司付款,由此造成的损失甲银行应承担责任
D. 潇湘公司有权以货物质量瑕疵为由请求甲银行停止付款

198． 2010/3/76/多

2005 年 10 月 5 日,甲、乙签订房屋买卖合同,约定年底前办理房屋过户登记。乙签发一张面额 80 万元的转账支票给甲以支付房款。一星期后,甲提示银行付款。2006 年 1 月中旬,甲到银行要求支付支票金额,但此时甲尚未将房屋登记过户给乙。对此,下列哪些说法是正确的?②

A. 尽管甲尚未履行房屋过户登记义务,但银行无权拒绝支付票据金额
B. 如甲向乙主张票据权利,因甲尚未办理房屋的过户登记,乙可拒付票据金额
C. 如被银行拒付,甲可根据房屋买卖合同要求乙支付房款
D. 如该支票遗失,甲即丧失票据权利

199． 2009/3/31/单

甲公司购买乙公司电脑 20 台,向乙公司签发金额为 10 万元的商业承兑汇票一张,丁公司在汇票上签章承诺:"本汇票已经本单位承兑,到期日无条件付款"。当该汇票的持票人行使付款请求权时,下列哪一说法是正确的?③

A. 如该汇票已背书转让给丙公司,丙公司恰好欠汇票付款人某银行 10 万元到期贷款,则银行可以提出抗辩而拒绝付款
B. 如该汇票已背书转让给丙公司,则甲公司可以乙公司交付的电脑质量存在瑕疵为抗辩理由拒绝向丙公司付款
C. 因该汇票已经丁公司无条件承兑,故丁公司不可能再以任何理由对持票人提出抗辩
D. 甲公司在签发汇票时可以签注"以收到货物为付款条件"

---

① BCD ② AC ③ A

考点45 汇票

200． 2023回忆/单

2022年6月20日,甲向乙出具了一张汇票。7月1日,乙将该张汇票背书给了丙,并注明"7月30日前不得转让给他人"。7月15日,丙将该张汇票背书给了丁。丁为了偿还对A公司的债务,于7月28日直接将该张汇票交给了A公司的财务负责人王某。据此,下列哪一项说法是正确的?①

A．因王某是A公司财务负责人,A公司享有票据权利
B．王某是持票人,享有票据权利
C．丙将该票据转让给丁是无效背书,丁不享有票据权利
D．丁向乙追索时,乙有权拒绝承担票据责任

201． 2020回忆/单

甲公司为支付货款,将一张已经银行承兑的汇票交付给乙,但是未注明背书人乙的名字。后乙用该张汇票支付丙的货款。丙觉得汇票没有乙的签章,不放心,于是乙请来丁为汇票进行担保,但是未记载被保证人名称。后丙要求承兑人付款时,承兑人拒绝付款。下列哪一项说法是正确的?②

A．丙应先向甲行使票据追索权,后再向丁行使
B．乙对丙不需负担任何法律责任
C．未记载被保证人名称,丁的保证无效
D．汇票的被保证人是承兑人

202． 2020回忆/任

甲公司给乙公司出票,银行已经承兑。乙公司到银行提示付款时,银行工作人员查询后发现甲公司余额不足,遂口头告知拒付。这时乙公司的债权人丙公司致电乙公司要求还款,乙公司答复说用汇票支付,遂将汇票从银行处要回并背书给丙公司。丙公司又提示银行付款,也被银行口头拒绝。下列选项正确的是:③

A．乙公司对丙公司的债务因交付票据而消灭
B．银行口头拒付,应承担民事责任
C．乙公司不得将此票据背书转让给丙公司
D．甲公司应对丙公司承担票据责任

① D ② D ③ BC

203． 2015/3/32/单

甲从乙处购置一批家具,给乙签发一张金额为40万元的汇票。乙将该汇票背书转让给丙。丙请丁在该汇票上为"保证"记载并签章,随后又将其背书转让给戊。戊请求银行承兑时,被银行拒绝。对此,下列哪一选项是正确的?①

A. 丁可以采取附条件保证方式
B. 若丁在其保证中未记载保证日期,则以出票日期为保证日期
C. 戊只有在向丙行使追索权遭拒绝后,才能向丁请求付款
D. 在丁对戊付款后,丁只能向丙行使追索权

204． 2013/3/75/多

关于汇票的表述,下列哪些选项是正确的?②

A. 汇票可以质押,当持票人将汇票交付给债权人时质押生效
B. 如汇票上记载的付款人在承兑之前即已破产,出票人仍须承担付款责任
C. 汇票的出票人既可以是银行、公司,也可以是自然人
D. 如汇票上未记载出票日期,该汇票无效

205． 2011/3/32/单

甲公司开具一张金额50万元的汇票,收款人为乙公司,付款人为丙银行。乙公司收到后将该汇票背书转让给丁公司。下列哪一说法是正确的?③

A. 乙公司将票据背书转让给丁公司后即退出票据关系
B. 丁公司的票据债务人包括乙公司和丙银行,但不包括甲公司
C. 乙公司背书转让时不得附加任何条件
D. 如甲公司在出票时于汇票上记载有"不得转让"字样,则乙公司的背书转让行为依然有效,但持票人不得向甲公司行使追索权

206． 2010/3/29/单

甲公司向乙公司签发了一张付款人为丙银行的承兑汇票。丁向乙公司出具了一份担保函,承诺甲公司不履行债务时其承担连带保证责任。乙公司持票向丙银行请求付款,银行以出票人甲公司严重丧失商业信誉为由拒绝付款。对此,下列哪一表述是正确的?④

---

① B　② BCD　③ C　④ B

A. 乙公司只能要求丁承担保证责任
B. 丙银行拒绝付款不符法律规定
C. 乙公司应先向甲公司行使追索权,不能得到清偿时方能向丁追偿
D. 丁属于票据法律关系的非基本当事人

207． 2009/3/77/多

甲公司在与乙公司交易中获得由乙公司签发的面额50万元的汇票一张,付款人为丙银行。甲公司向丁某购买了一批货物,将汇票背书转让给丁某以支付货款,并记载"不得转让"字样。后丁某又将此汇票背书给戊某。如戊某在向丙银行提示承兑时遭拒绝,戊某可向谁行使追索权?①

A. 丁某　　　　　　B. 乙公司
C. 甲公司　　　　　D. 丙银行

208． 2008/3/28/单

甲公司在交易中取得汇票一张,金额10万元,汇票签发人为乙公司,甲公司在承兑时被拒绝。其后,甲公司在一次交易中需支付丙公司10万元货款,于是甲公司将该汇票背书转让给丙公司,丙公司承兑时亦被拒绝。下列哪一选项是正确的?②

A. 丙公司有权要求甲公司给付汇票上的金额
B. 丙公司有权要求甲公司返还交易中的对价
C. 丙公司有权向乙公司行使追索权要求其给付汇票上的金额
D. 丙公司应当请求甲公司承担侵权赔偿责任

考点46 支票

209． 2021 回忆/单

甲公司安排业务员叶某向乙公司采购燃油工程车,并由甲公司开具支票,支票中注明"见票一个月内支付",但未填写金额和收款人,授权叶某在支付车款时具体填写。叶某前往乙公司后,发现电动工程车品质更优,擅自主张购买了电动工程车,在填写了金额和收款人后将支票交给了乙公司。后甲公司拒绝接受电动工程车并主张解除买卖合同。下列哪一项说法是正确的?③

A. 因未记载金额而支票无效

---

① AB　② A　③ D

B. 因未记载收款人而支票无效

C. 因叶某填写金额和收款人而支票无效

D. "见票一个月内支付"的记载无效

210. 2017/3/74/多

东霖公司向忠谙公司购买一个元器件,应付价款960元。东霖公司为付款开出一张支票,因金额较小,财务人员不小心将票据金额仅填写了数码的"¥960元",没有记载票据金额的中文大写。忠谙公司业务员也没细看,拿到支票后就放入文件袋。关于该支票,下列哪些选项是正确的?①

A. 该支票出票行为无效

B. 忠谙公司不享有票据权利

C. 东霖公司应承担票据责任

D. 该支票在使用前应补记票据金额的中文大写

211. 2015/3/74/多

关于支票的表述,下列哪些选项是正确的?②

A. 现金支票在其正面注明后,可用于转账

B. 支票出票人所签发的支票金额不得超过其付款时在付款人处实有的存款金额

C. 支票上不得另行记载付款日期,否则该记载无效

D. 支票上未记载收款人名称的,该支票无效

专题七 证券法

考点47 证券法

212. 2020 回忆/单

甲公司为上市公司,为解决扩建项目的资金缺口,甲公司于2020年5月25日通过公开发行公司债券的方式,募集资金1亿元,聘请乙证券公司为债券受托管理人。下列哪一项说法是正确的?③

A. 债券持有人会议不能决议解除对乙证券公司的聘请

B. 若甲公司到期不能兑付债券本息,则乙证券公司可接受部分债券持有人的委托,以自己的名义代表债券持有人起诉

---

① CD ② BC ③ B

| 刷题表 | 时 间 | 题号 | 一刷 | 二刷 | 题号 | 一刷 | 二刷 | 题号 | 一刷 | 二刷 | 题号 | 一刷 | 二刷 |

C. 若甲公司改变所募集资金的用途,则乙证券公司有权以自己的名义代表债券持有人起诉

D. 甲公司可将所募集资金的一部分用于弥补扩建项目带来的亏损

213． 2018 回忆/多

甲公司持有乙公司(上市公司)6.04%的股份,为其第四大股东。2017 年 10 月 31 日,甲公司减持套现 2.9%的乙公司股份。3 个月后,乙公司股价开始上扬,甲公司又增持 1.86% 的股份。对此,下列哪些选项是正确的?①

A. 就增持事项,甲公司须在 3 日之内向证券监管机构和证券交易所作出书面报告,通知乙公司,并予公告

B. 就减持事项,乙公司应立即向证券监管机构和证券交易所报送临时报告,并予公告

C. 就减持事项,甲公司需在 3 日之内向证券监管机构和证券交易所作出书面报告

D. 甲公司在增持后的 3 日内,不得再行买卖乙公司的股票

214． 2017/3/75/多

甲在证券市场上陆续买入力扬股份公司的股票,持股达 6%时才公告,被证券监督管理机构以信息披露违法为由处罚。之后甲欲继续购入力扬公司股票,力扬公司的股东乙、丙反对,持股 4%的股东丁同意。对此,下列哪些说法是正确的?②

A. 甲的行为已违法,故无权再买入力扬公司股票

B. 乙可邀请其他公司对力扬公司展开要约收购

C. 丙可主张甲已违法,故应撤销其先前购买股票的行为

D. 丁可与甲签订股权转让协议,将自己所持全部股份卖给甲

215． 2016/3/75/多

吉达公司是一家上市公司,公告称其已获得某地块的国有土地使用权。嘉豪公司资本雄厚,看中了该地块的潜在市场价值,经过细致财务分析后,拟在证券市场上对吉达公司进行收购。下列哪些说法是正确的?③

A. 若收购成功,吉达公司即丧失上市资格

B. 若收购失败,嘉豪公司仍有权继续购买吉达公司的股份

---

① ABD ② BD ③ BC

C. 嘉豪公司若采用要约收购则不得再与吉达公司的大股东协议购买其股份
D. 待嘉豪公司持有吉达公司已发行股份30%时,应向其全体股东发出不得变更的收购要约

216. 2012/3/34/单

为扩大生产规模,筹集公司发展所需资金,鄂神股份有限公司拟发行总值为1亿元的股票。下列哪一说法符合《证券法》的规定?①

A. 根据需要可向特定对象公开发行股票
B. 董事会决定后即可径自发行
C. 可采取溢价发行方式
D. 不必将股票发行情况上报证券监管机构备案

217. 2011/3/33/单

股票和债券是我国《证券法》规定的主要证券类型。关于股票与债券的比较,下列哪一表述是正确的?②

A. 有限责任公司和股份有限公司都可以成为股票和债券的发行主体
B. 股票和债券具有相同的风险性
C. 债券的流通性强于股票的流通性
D. 股票代表股权,债券代表债权

218. 2010/3/30/单

某上市公司因披露虚假年度财务报告,导致投资者在证券交易中蒙受重大损失。关于对此承担民事赔偿责任的主体,下列哪一选项是错误的?③

A. 该上市公司的监事
B. 该上市公司的实际控制人
C. 该上市公司财务报告的刊登媒体
D. 该上市公司的证券承销商

219. 2009/3/34/单

关于证券交易所,下列哪一表述是正确的?④

A. 会员制证券交易所从事业务的盈余和积累的财产可按比例分配给会员

---

① C ② D ③ C ④ D

B. 证券交易所总经理由理事会选举产生并报国务院证券监督管理机构批准
C. 证券交易所制定和修改章程应报国务院证券监督管理机构备案
D. 证券交易所的设立和解散必须由国务院决定

220. (2009/3/78/多)
某证券公司在业务活动中实施了下列行为,其中哪些违反《证券法》规定?①
A. 经股东会决议为公司股东提供担保
B. 为其客户买卖证券提供融资服务
C. 对其客户证券买卖的收益作出不低于一定比例的承诺
D. 接受客户的全权委托,代理客户决定证券买卖的种类与数量

221. (2008/1/67/多)
某上市公司招股说明书中列明的募集资金用途是环保新技术研发。现公司董事会决议将募集资金用于购置办公大楼。对此,下列哪些选项是正确的?②
A. 未经股东大会决议批准,公司董事会不得实施此项购置计划
B. 如果股东大会决议不批准,公司董事会坚持此项购置计划,证券监督管理机构有权责令该公司改正
C. 证券监督管理机构有权对擅自改变募集资金用途的该公司责任人员处以罚款
D. 在未经股东大会批准而实施了此项购置计划的情况下,该公司可以通过发行新股来解决环保新技术研发的资金需求

222. (2008/1/68/多)
某上市公司董事吴某,持有该公司 6% 的股份。吴某将其持有的该公司股票在买入后的第 5 个月卖出,获利 600 万元。关于此收益,下列哪些选项是正确的?③
A. 该收益应当全部归公司所有
B. 该收益应由公司董事会负责收回
C. 董事会不收回该收益的,股东有权要求董事会限期收回
D. 董事会未在规定期限内执行股东关于收回吴某收益的要求的,股东有

① ACD ② ABC ③ ABC

权代替董事会以公司名义直接向法院提起收回该收益的诉讼

223. 2008/1/69/多

证券公司的下列行为,哪些是《证券法》所禁止的?①

A. 为客户买卖证券提供融资融券服务
B. 有偿使用客户的交易结算资金
C. 将自营账户借给他人使用
D. 接受客户的全权委托

考点48 证券投资基金法

224. 2017/3/33/单

某基金管理公司在 2003 年曾公开发售一只名为"基金利达"的封闭式基金。该基金原定封闭期15年,现即将到期,拟转换为开放式基金继续运行。关于该基金的转换,下列哪一选项是正确的?②

A. 须经国务院证券监督管理机构核准
B. 转换后该基金应保持一定比例的现金或政府债券
C. 基金份额持有人大会就该转换事宜的决定应经有效表决权的1/2以上通过
D. 转换后基金份额持有人有权查阅或复制该基金的相关会计账簿等财务资料

225. 2016/3/33/单

赢鑫投资公司业绩骄人。公司拟开展非公开募集基金业务,首期募集1000万元。李某等老客户知悉后纷纷表示支持,愿意将自己的资金继续交其运作。关于此事,下列哪一选项是正确的?③

A. 李某等合格投资者的人数可以超过 200 人
B. 赢鑫公司可在全国性报纸上推介其业绩及拟募集的基金
C. 赢鑫公司可用所募集的基金购买其他的基金份额
D. 赢鑫公司就其非公开募集基金业务应向中国证监会备案

226. 2015/3/75/多

张某手头有一笔闲钱欲炒股,因对炒股不熟便购买了某证券投资基金。关于张某作为基金份额持有人所享有的权利,下列哪些表述是正确的?④

---

① BCD ② B ③ C ④ ABD

A. 按份额享有基金财产收益
B. 参与分配清算后的剩余基金财产
C. 可回赎但不能转让所持有的基金份额
D. 可通过基金份额持有人大会来更换基金管理人

227． 2012/3/73/多
华新基金管理公司是信泰证券投资基金(信泰基金)的基金管理人。华新公司的下列哪些行为是不符合法律规定的?①
A. 从事证券投资时,将信泰基金的财产独立于自己固有的财产
B. 以信泰基金的财产为公司大股东鑫鑫公司提供担保
C. 就其管理的信泰基金与其他基金的财产,规定不同的基金收益条款
D. 向信泰基金份额持有人承诺年收益率不低于12%

228． 2008/1/66/多
关于证券投资基金运用基金财产进行投资的范围,下列哪些选项是正确的?②
A. 可以买卖该基金管理人发行的债券
B. 可以买卖上市交易的股票、债券
C. 不得从事承担无限责任的投资
D. 不得用于承销证券

专题八　保险法

考点49　保险合同总论

229． 2022回忆/多
保险公司推销员甲向白某推销一份保险,在填写投保单时,白某委托甲代为填写并签字。在填写投保人职业时,甲依稀记得白某是司机,实际上白某是货车司机,而该份保险合同的保险范围不包括货车驾驶员。保险合同订立后,白某缴纳了保费。据此,下列哪些说法是正确的?③
A. 甲不是白某的代理人
B. 甲是白某的代理人
C. 保险公司可以解除保险合同
D. 保险公司应当承担保险责任

① BCD　② ABCD(原答案为BCD)　③ AD

230. 2018 回忆/单

2017 年,张某向甲公司投保重大疾病险,投保时隐瞒了患有乙肝的事实。保险合同订立前,甲公司要求张某到乙医院体检,并提交体检报告。因医院的医生工作失误,未能诊断出张某的乙肝病情。2018 年 2 月,张某因患乙肝入院治疗,花去医疗费等 6 万余元。2018 年 7 月,甲公司得知张某隐瞒病情投保的事实。下列哪一项说法是正确的?①

A. 甲公司有权不解除保险合同,但不予赔偿

B. 如果甲公司解除保险合同,应当向张某退还保费

C. 若张某投保时,提交体检报告明确显示其患有乙肝,甲公司不能拒绝赔偿

D. 张某到甲公司指定的医院体检,免除了其如实告知的义务

231. 2016/3/76/多

甲公司投保了财产损失险的厂房被烧毁,甲公司伪造证明,夸大此次火灾的损失,向保险公司索赔 100 万元,保险公司为查清此事,花费 5 万元。关于保险公司的权责,下列哪些选项是正确的?②

A. 应当向甲公司给付约定的保险金

B. 有权向甲公司主张 5 万元花费损失

C. 有权拒绝向甲公司给付保险金

D. 有权解除与甲公司的保险合同

232. 2014/3/34/单

甲公司代理人谢某代投保人何某签字,签订了保险合同,何某也依约交纳了保险费。在保险期间内发生保险事故,何某要求甲公司承担保险责任。下列哪一表述是正确的?③

A. 谢某代签字,应由谢某承担保险责任

B. 甲公司承保错误,无须承担保险责任

C. 何某已经交纳了保险费,应由甲公司承担保险责任

D. 何某默认谢某代签字有过错,应由何某和甲公司按过错比例承担责任

233. 2014/3/76/多

关于投保人在订立保险合同时的告知义务,下列哪些表述是正确的?④

---

① C ② AB ③ C ④ AD

A. 投保人的告知义务,限于保险人询问的范围和内容
B. 当事人对询问范围及内容有争议的,投保人负举证责任
C. 投保人未如实告知投保单询问表中概括性条款时,则保险人可以此为由解除合同
D. 在保险合同成立后,保险人获悉投保人未履行如实告知义务,但仍然收取保险费,则保险人不得解除合同

234. 2013/3/34/单

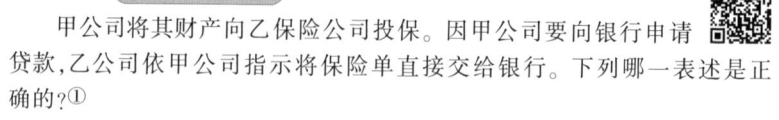

甲公司将其财产向乙保险公司投保。因甲公司要向银行申请贷款,乙公司依甲公司指示将保险单直接交给银行。下列哪一表述是正确的?①

A. 因保险单未送达甲公司,保险合同不成立
B. 如保险单与投保单内容不一致,则应以投保单为准
C. 乙公司同意承保时,保险合同成立
D. 如甲公司未缴纳保险费,则保险合同不成立

235. 2011/3/75/多

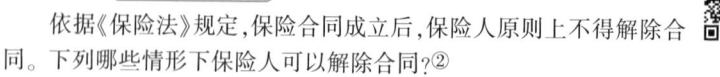

依据《保险法》规定,保险合同成立后,保险人原则上不得解除合同。下列哪些情形下保险人可以解除合同?②

A. 人身保险中投保人在交纳首期保险费后未按期交纳后续保费
B. 投保人虚报被保险人年龄,保险合同成立已1年6个月
C. 投保人在投保时故意未告知投保汽车曾遇严重交通事故致发动机受损的事实
D. 投保人未履行对保险标的安全维护之责任

236. 2009/3/79/多

关于保险利益,下列哪些表述是错误的?③

A. 保险利益本质上是一种经济上的利益,即可以用金钱衡量的利益
B. 人身保险的投保人在保险事故发生时,对保险标的应当具有保险利益
C. 财产保险的被保险人在保险合同订立时,对保险标的应当具有保险利益
D. 责任保险的投保人在保险合同订立时,对保险标的应当具有保险利益

① C ② BCD ③ BCD

考点50 人身保险合同

237. 2021 回忆/任

陈某为妻子购买人身保险,指定自己和儿子为受益人。按照保险合同的约定,该保险须缴纳 20 年。陈某投保 10 年后,因公司经营业绩不佳,经济压力较大,拟解除该保险合同。对此,下列选项正确的是:①

A. 须经妻子的同意方可解除
B. 须经儿子的同意方可解除
C. 合同解除后,陈某有权主张保单现金价值
D. 合同解除后,妻子有权主张保单现金价值

238. 2017/3/76/多

李某于 2000 年为自己投保,约定如其意外身故则由妻子王某获得保险金 20 万元,保险期间为 10 年。2009 年 9 月 1 日起李某下落不明,2014 年 4 月法院宣告李某死亡。王某起诉保险公司主张该保险金。关于本案,下列哪些选项是正确的?②

A. 保险合同应无效
B. 王某有权主张保险金
C. 李某死亡日期已超保险期间,故保险公司不承担保险责任
D. 如李某确系 2009 年 9 月 1 日下落不明,则保险公司应承担保险责任

239. 2016/3/34/单

杨某为其妻王某购买了某款人身保险,该保险除可获得分红外,还约定若王某意外死亡,则保险公司应当支付保险金 20 万元。关于该保险合同,下列哪一说法是正确的?③

A. 若合同成立 2 年后王某自杀,则保险公司不支付保险金
B. 王某可让杨某代其在被保险人同意处签字
C. 经王某口头同意,杨某即可将该保险单质押
D. 若王某现为无民事行为能力人,则无需经其同意该保险合同即有效

240. 2015/3/34/单

甲以自己为被保险人向某保险公司投保健康险,指定其子乙为受益人,保险公司承保并出具保单。两个月后,甲突发心脏病死亡。保险公司经调查发现,甲两年前曾做过心脏搭桥手术,但在填写投保单以及回答保险公

① C ② BD ③ B

司相关询问时,甲均未如实告知。对此,下列哪一表述是正确的?①

A. 因甲违反如实告知义务,故保险公司对甲可主张违约责任
B. 保险公司有权解除保险合同
C. 保险公司即使不解除保险合同,仍有权拒绝乙的保险金请求
D. 保险公司虽可不必支付保险金,但须退还保险费

241． 2013/3/76/多

甲公司交纳保险费为其员工张某投保人身保险,投保单由保险公司业务员代为填写和签字。保险期间内,张某找到租用甲公司槽罐车的李某催要租金。李某与张某发生争执,张某打碎车窗玻璃,并挡在槽罐车前。李某怒将张某撞死。关于保险受益人针对保险公司的索赔理由的表述,下列哪些选项是正确的?②

A. 投保单虽是保险公司业务员代为填写和签字,但甲公司交纳了保险费,因此保险合同成立
B. 张某的行为不构成犯罪,保险公司不得以此为由主张免责
C. 张某的行为属于合法的自助行为,保险公司应予理赔
D. 张某的死亡与张某的行为并无直接因果关系,保险公司应予理赔

242． 2012/3/33/单

甲向某保险公司投保人寿保险,指定其秘书乙为受益人。保险期间内,甲、乙因交通事故意外身亡,且不能确定死亡时间的先后。该起交通事故由事故责任人丙承担全部责任。现甲的继承人和乙的继承人均要求保险公司支付保险金。下列哪一选项是正确的?③

A. 保险金应全部交给甲的继承人
B. 保险金应全部交给乙的继承人
C. 保险金应由甲和乙的继承人平均分配
D. 某保险公司承担保险责任后有权向丙追偿

243． 2010/3/31/单

根据《保险法》规定,人身保险投保人对下列哪一类人员具有保险利益?④

A. 与投保人关系密切的邻居
B. 与投保人已经离婚但仍一起生活的前妻

---

① B ② ABD ③ A ④ C

C. 与投保人有劳动关系的劳动者
D. 与投保人合伙经营的合伙人

244. 2010/3/77/多

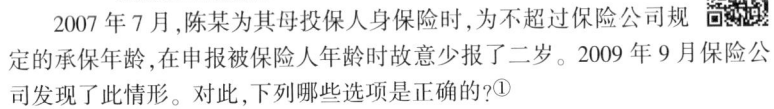

2007年7月,陈某为其母投保人身保险时,为不超过保险公司规定的承保年龄,在申报被保险人年龄时故意少报了二岁。2009年9月保险公司发现了此情形。对此,下列哪些选项是正确的?①

A. 保险公司有权解除保险合同,但需退还投保人已交的保险费
B. 保险公司无权解除保险合同
C. 如此时发生保险事故,保险公司不承担给付保险金的责任
D. 保险人有权要求投保人补交少交的保险费,但不能免除其保险责任

245. 2010/3/78/多

甲为其妻乙投保意外伤害保险,指定其子丙为受益人。对此,下列哪些选项是正确的?②

A. 甲指定受益人时须经乙同意
B. 如因第三人导致乙死亡,保险公司承担保险金赔付责任后有权向该第三人代位求偿
C. 如乙变更受益人无须甲同意
D. 如丙先于乙死亡,则出现保险事故时保险金作为乙的遗产由甲继承

246. 2009/3/32/单

丁某于2005年5月为其九周岁的儿子丁海购买一份人身保险。至2008年9月,丁某已支付了三年多的保险费。当年10月,丁海患病住院,因医院误诊误治致残。关于本案,下列哪一表述是正确的?③

A. 丁某可以在向保险公司索赔的同时要求医院承担赔偿责任
B. 应当先由保险公司支付保险金,再由保险公司向医院追偿
C. 丁某应先向医院索赔,若医院拒绝赔偿或无法足额赔偿,再要求保险公司支付保险金
D. 丁某不能用诉讼方式要求保险公司支付保险金

---

① BD ② ACD ③ A

考点51 财产保险合同

247. 2019 回忆/单

蒋某为中天公司调试某设备,双方约定,如果因蒋某的原因造成损失,蒋某只需要承担一半的赔偿责任。后来,中天公司为该设备投保了财产损失险,但未将与蒋某的约定告知保险公司,保险公司也未询问针对此设备有无免责约定。不久,蒋某在调试设备时因擅自修改设备参数,引起火灾,造成该设备损失20万元。下列说法正确的是哪一项?①

A. 保险公司向中天公司赔偿后,可向蒋某追偿10万元
B. 保险公司向中天公司赔偿后,可向蒋某追偿20万元
C. 保险公司主张代位求偿的管辖法院,依保险合同关系确定
D. 如果保险公司已经向中天公司赔偿,可向中天公司主张返还赔偿金

248. 2017/3/34/单

姜某的私家车投保商业车险,年保险费为3000元。姜某发现当网约车司机收入不错,便用手机软件接单载客,后辞职专门跑网约车。某晚,姜某载客途中与他人相撞,造成车损10万元。姜某向保险公司索赔,保险公司调查后拒赔。关于本案,下列哪一选项是正确的?②

A. 保险合同无效
B. 姜某有权主张约定的保险金
C. 保险公司不承担赔偿保险金的责任
D. 保险公司有权解除保险合同并不退还保险费

249. 2015/3/76/多

潘某请好友刘某观赏自己收藏的一件古玩,不料刘某一时大意致其落地摔毁。后得知,潘某已在甲保险公司就该古玩投保了不足额财产险。关于本案,下列哪些表述是正确的?③

A. 潘某可请求甲公司赔偿全部损失
B. 若刘某已对潘某进行全部赔偿,则甲公司可拒绝向潘某支付保险赔偿金
C. 甲公司对潘某赔偿保险金后,在向刘某行使保险代位求偿权时,既可以自己的名义,也可以潘某的名义
D. 若甲公司支付的保险金不足以弥补潘某的全部损失,则就未取得赔偿

① A ② C ③ BD

的部分,潘某对刘某仍有赔偿请求权

250. 2012/3/75/多

甲参加乙旅行社组织的沙漠一日游,乙旅行社为此向红星保险公司购买了旅行社责任保险。丙客运公司受乙旅行社之托,将甲运送至沙漠,丙公司为此向白云保险公司购买了承运人责任保险。丙公司在运送过程中发生交通事故,致甲死亡,丙公司负事故全责。甲的继承人为丁。在通常情形下,下列哪些表述是正确的?①

A. 乙旅行社有权要求红星保险公司直接对丁支付保险金

B. 丙公司有权要求白云保险公司直接对丁支付保险金

C. 丁有权直接要求红星保险公司支付保险金

D. 丁有权直接要求白云保险公司支付保险金

251. 2011/3/34/单

张三向保险公司投保了汽车损失险。某日,张三的汽车被李四撞坏,花去修理费5000元。张三向李四索赔,双方达成如下书面协议:张三免除李四修理费1000元,李四将为张三提供3次免费咨询服务,剩余的4000元由张三向保险公司索赔。后张三请求保险公司按保险合同支付保险金5000元。下列哪一说法是正确的?②

A. 保险公司应当按保险合同全额支付保险金5000元,且不得向李四求偿

B. 保险公司仅应当承担4000元保险金的赔付责任,且有权向李四求偿

C. 因张三免除了李四1000元的债务,保险公司不再承担保险金给付责任

D. 保险公司应当全额支付5000元保险金,再向李四求偿

252. 2009/3/33/单

潘某向保险公司投保了一年期的家庭财产保险。保险期间内,潘某一家外出,嘱托保姆看家。某日,保姆外出忘记锁门,窃贼乘虚而入,潘某家被盗财物价值近5000元。下列哪一表述是正确的?③

A. 应由保险公司赔偿,保险公司赔偿后无权向保姆追偿

B. 损失系因保姆过错所致,保险公司不承担赔偿责任

C. 潘某应当向保姆索赔,不能要求保姆承担赔偿责任

---

① AB ② B ③ A

| 刷题表 | 时 间 | 题号 | 一刷 | 二刷 | 题号 | 一刷 | 二刷 | 题号 | 一刷 | 二刷 | 题号 | 一刷 | 二刷 |

D. 潘某只能要求保姆赔偿,不能向保险公司索赔

253. 2008/3/27/单

甲将自己的汽车向某保险公司投保财产损失险,附加盗抢险,保险金额按车辆价值确定为20万元。后该汽车被盗,在保险公司支付了全部保险金额之后,该车辆被公安机关追回。关于保险金和车辆的处置方法,下列哪一选项是正确的?①

A. 甲无需退还受领的保险金,但车辆归保险公司所有
B. 车辆归甲所有,但甲应退还受领的保险金
C. 甲无需退还保险金,车辆应归甲所有
D. 应由甲和保险公司协商处理保险金与车辆的归属

254. 2008/3/71/多

王某将自己居住的房屋向某保险公司投保家庭财产保险。保险合同有效期内,该房屋因邻居家的小孩玩火而被部分毁损,损失10万元。下列哪些选项是错误的?②

A. 王某应当先向邻居索赔,在邻居无力赔偿的前提下才能向保险公司索赔
B. 王某可以放弃对邻居的赔偿请求权,单独向保险公司索赔
C. 若王某已从邻居处得到10万元的赔偿,其仍可向保险公司索赔
D. 若王某从保险公司得到的赔偿不足10万元,其仍可向邻居索赔

专题九 海商法

考点52 船舶物权

255. 2014/3/33/单

依据我国《海商法》和《民法典》③的相关规定,关于船舶所有权,下列哪一表述是正确的?④

A. 船舶买卖时,船舶所有权自船舶交付给买受人时移转
B. 船舶建造完成后,须办理船舶所有权的登记才能确定其所有权的归属
C. 船舶不能成为共同共有的客体
D. 船舶所有权不能由自然人继承

---

① A ② ABC ③ 原题为《物权法》,为与新法相适应,此处修改为《民法典》 ④ A

刷题表	时 间	题号	一刷	二刷	题号	一刷	二刷	题号	一刷	二刷	题号	一刷	二刷

256． 2013/3/33/单

依据我国《海商法》和《民法典》①的相关规定，关于船舶物权的表述，下列哪一选项是正确的？②

A. 甲的船舶撞坏乙的船舶，则乙就其损害赔偿对甲的船舶享有留置权
B. 甲以其船舶为乙设定抵押担保，则一经签订抵押合同，乙即享有抵押权
C. 以建造中的船舶设定抵押权的，抵押权仅在办理登记后才能产生效力
D. 同一船舶上设立数个抵押权时，其顺序以抵押合同签订的先后为准

257． 2012/3/76/多

关于船舶担保物权及针对船舶的请求权的表述，下列哪些选项是正确的？③

A. 海难救助的救助款项给付请求，先于在船舶营运中发生的人身伤亡赔偿请求而受偿
B. 船舶在营运中因侵权行为产生的财产赔偿请求，先于船舶吨税、引航费等的缴付请求而受偿
C. 因保存、拍卖船舶和分配船舶价款产生的费用，应从船舶拍卖所得价款中先行拨付
D. 船舶优先权先于船舶留置权与船舶抵押权受偿

258． 2011/3/76/多

南岳公司委托江北造船公司建造船舶一艘。船舶交付使用时南岳公司尚欠江北公司费用200万元。南岳公司以该船舶抵押向银行贷款500万元。后该船舶不慎触礁，需修理费50万元，有多名船员受伤，需医药费等40万元。如以该船舶的价值清偿上述债务，下列哪些表述是正确的？④

A. 修船厂的留置权优先于银行的抵押权
B. 船员的赔偿请求权优先于修船厂的留置权
C. 造船公司的造船费用请求权优先于银行的抵押权
D. 银行的抵押权优先于修船厂的留置权

---

① 原题为《物权法》，为与新法相适应，此处修改为《民法典》　② B　③ ACD　④ AB

专题十 信托法

考点53 信托法

259. 2022 回忆/任

2020年8月1日,李某和信托公司签订了信托合同,约定购买"金源一号"信托产品,李某为唯一受益人。8月5日,李某如约将300万元打入信托公司的信托资金专用账户。8月10日,"金源一号"开售后,信托公司仅购买了200万元的信托产品。2022年8月,"金源一号"到期清算,双方发生争议。据此,下列说法正确的是:①

A. 因信托公司只购买了200万元的信托产品,李某只能主张200万元的本金和信托收益
B. 因李某按约定转入了300万元,有权主张300万元的本金和信托收益
C. 李某无权主张300万元的本金和信托收益
D. 李某有权主张返还剩余100万元的本金和预期收益

260. 2022 回忆/多

齐某作为委托人与甲信托公司签订了《单一信托合同》,合同中未约定向甲公司支付报酬。甲公司在齐某的指示下分三笔向乙公司发放了信托贷款。后齐某与甲公司因为报酬问题产生争议。下列哪些说法是正确的?②

A. 虽然未约定报酬,但甲公司有权请求支付报酬
B. 因双方未约定报酬,故甲公司无权请求支付报酬
C. 甲公司应对齐某承担信托义务
D. 未约定报酬不影响信托合同的成立

---

① B ② BCD

| 刷题表 | 时　间 | 题号 | 一刷 | 二刷 | 题号 | 一刷 | 二刷 | 题号 | 一刷 | 二刷 | 题号 | 一刷 | 二刷 |

经 济 法

扫一扫,"码"上做题　微信扫码,即可线上做题、看解析。多种做题模式:章节自测、单科集训、随机演练等。

专题十一　反垄断法

考点54 反垄断法

261． 2022 回忆/多

某市玉米行业协会和会员企业签订协议,内容是:为增强中小经营者的竞争力,要求玉米均定价为 2.6 元/斤,会员企业必须按照协议销售,否则禁止使用该协会的商标。据此,下列哪些选项是不正确的?①

A. 该协议属于纵向垄断协议
B. 该协议属于横向垄断协议
C. 该协会的行为属于滥用市场支配地位
D. 该协议构成反垄断豁免,是有效协议

262． 2021 回忆/单

甲公司和乙公司共同设立丙公司,达到国务院规定的经营者集中申报标准,但未向国家市场监管部门进行申报。丙公司成立后一年内没有实施排除、限制竞争的行为。关于市场监管部门的行政处罚,下列哪一选项是正确的?②

A. 都不处罚　　　　　　　　B. 处罚甲公司和乙公司
C. 处罚甲、乙、丙三家公司　　D. 处罚丙公司

263． 2017/1/28/单

某景区多家旅行社、饭店、商店和客运公司共同签订《关于加强服务协同提高服务水平的决定》,约定了统一的收费方式、服务标准和收入分

---

① ACD　② B

配方案。有人认为此举构成横向垄断协议。根据《反垄断法》,下列哪一说法是正确的?①

A. 只要在一个竞争性市场中的经营者达成协调市场行为的协议,就违反该法
B. 只要经营者之间的协议涉及商品或服务的价格、标准等问题,就违反该法
C. 如经营者之间的协议有利于提高行业服务质量和经济效益,就不违反该法
D. 如经营者之间的协议不具备排除、限制竞争的效果,就不违反该法

264. 2016/1/28/单

某燃气公司在办理燃气入户前,要求用户缴纳一笔"预付气费款",否则不予供气。待不再用气时,用户可申请返还该款项。经查,该款项在用户日常购气中不能冲抵燃气费。根据《反垄断法》的规定,下列哪一说法是正确的?②

A. 反垄断机构执法时应界定该公司所涉相关市场
B. 只要该公司在当地独家经营,就能认定其具有市场支配地位
C. 如该公司的上游气源企业向其收取预付款,该公司就可向客户收取"预付气费款"
D. 县政府规定了"一个地域只能有一家燃气供应企业",故该公司行为不构成垄断

265. 2016/1/67/多

某县会计师行业自律委员会成立之初,达成统筹分配当地全行业整体收入的协议,要求当年市场份额提高的会员应分出自己的部分收入,补贴给市场份额降低的会员。事后,有会员向省级工商行政管理部门书面投诉。关于此事,下列哪些说法是正确的?③

A. 该协议限制了当地会计师行业的竞争,具有违法性
B. 抑强扶弱有利于培育当地会计服务市场,法律不予禁止
C. 此事不能由省级工商行政管理部门受理,应由该委员会成员自行协商解决
D. 即使该协议尚未实施,如构成违法,也可予以查处

① D ② A ③ AD

| 刷题表 | 时　间 | 题号 | 一刷 | 二刷 | 题号 | 一刷 | 二刷 | 题号 | 一刷 | 二刷 | 题号 | 一刷 | 二刷 |

266． 2015/1/67/多

某市甲、乙、丙三大零售企业达成一致协议,拒绝接受产品供应商丁的供货。丙向反垄断执法机构举报并提供重要证据,经查,三企业构成垄断协议行为。关于三企业应承担的法律责任,下列哪些选项是正确的?①

A. 该执法机构应责令三企业停止违法行为,没收违法所得,并处以相应罚款
B. 丙企业举报有功,可酌情减轻或免除处罚
C. 如丁因垄断行为遭受损失的,三企业应依法承担民事责任
D. 如三企业行为后果极为严重,应追究其刑事责任

267． 2014/1/64/多

某省L市旅游协会为防止零团费等恶性竞争,召集当地旅行社商定对游客统一报价,并根据各旅行社所占市场份额,统一分配景点返佣、古城维护费返佣等收入。此计划实施前,甲旅行社主动向反垄断执法机构报告了这一情况并提供了相关证据。关于本案,下列哪些判断是错误的?②

A. 旅游协会的行为属于正当的行业自律行为
B. 由于尚未实施,旅游协会的行为不构成垄断行为
C. 如构成垄断行为,L市发改委可对其处以50万元以下的罚款
D. 如构成垄断行为,对甲旅行社可酌情减轻或免除处罚

268． 2013/1/27/单

某品牌白酒市场份额较大且知名度较高,因销量急剧下滑,生产商召集经销商开会,令其不得低于限价进行销售,对违反者将扣除保证金、减少销售配额直至取消销售资格。关于该行为的性质,下列哪一判断是正确的?③

A. 维护品牌形象的正当行为
B. 滥用市场支配地位的行为
C. 价格同盟行为
D. 纵向垄断协议行为

269． 2013/1/64/多

某县政府规定:施工现场不得搅拌混凝土,只能使用预拌的商品混凝土。2012年,县建材协会组织协调县内6家生产企业达成协议,各自按

① ABC　② ABC　③ D

划分的区域销售商品混凝土。因货少价高,一些施工单位要求县工商局处理这些企业的垄断行为。根据《反垄断法》,下列哪些选项是错误的?①

A. 县政府的规定属于行政垄断行为
B. 县建材协会的行为违反了《反垄断法》
C. 县工商局有权对6家企业涉嫌垄断的行为进行调查和处理
D. 被调查企业承诺在反垄断执法机构认可的期限内采取具体措施消除该行为后果的,该机构可决定终止调查

270. 2011/1/64/多

关于市场支配地位,下列哪些说法是正确的?②

A. 有市场支配地位而无滥用该地位的行为者,不为《反垄断法》所禁止
B. 市场支配地位的认定,只考虑经营者在相关市场的市场份额
C. 其他经营者进入相关市场的难易程度,不影响市场支配地位的认定
D. 一个经营者在相关市场的市场份额达到二分之一的,推定为有市场支配地位

271. 2010/1/66/多

根据《反垄断法》规定,关于经营者集中的说法,下列哪些选项是正确的?③

A. 经营者集中就是指企业合并
B. 经营者集中实行事前申报制,但允许在实施集中后补充申报
C. 经营者集中被审查时,参与集中者的市场份额及其市场控制力是一个重要的考虑因素
D. 经营者集中如被确定为可能具有限制竞争的效果,将会被禁止

272. 2009/1/24/单

对于国务院反垄断委员会的机构定位和工作职责,下列哪一选项是正确的?④

A. 是承担反垄断执法职责的法定机构
B. 应当履行协调反垄断行政执法工作的职责
C. 可以授权国务院相关部门负责反垄断执法工作
D. 可以授权省、自治区、直辖市人民政府的相应机构负责反垄断执法工作

① ACD ② AD ③ CD ④ B

刷题表	时 间	题号	一刷	二刷	题号	一刷	二刷	题号	一刷	二刷	题号	一刷	二刷

273. 2009/1/66/多

根据《反垄断法》规定,下列哪些选项不构成垄断协议?①

A. 某行业协会组织本行业的企业就防止进口原料时的恶性竞争达成保护性协议

B. 三家大型房地产公司的代表聚会,就商品房价格达成共识,随后一致采取涨价行动

C. 某品牌的奶粉含有毒物质的事实被公布后,数家大型零售公司联合声明拒绝销售该产品

D. 数家大型煤炭企业就采用一种新型矿山安全生产技术达成一致意见

274. 2008/1/71/多

关于市场支配地位推定制度,下列哪些选项是符合我国《反垄断法》规定的?②

A. 经营者在相关市场的市场份额达到二分之一的,推定为具有市场支配地位

B. 两个经营者在相关市场的市场份额合计达到三分之二,其中有的经营者市场份额不足十分之一的,不应当推定该经营者具有市场支配地位

C. 三个经营者在相关市场的市场份额合计达到四分之三,其中有两个经营者市场份额合计不足五分之一的,不应当推定该两个经营者具有市场支配地位

D. 被推定具有市场支配地位的经营者,有证据证明不具有市场支配地位的,不应当认定其具有市场支配地位

275. 2008/1/72/多

滥用行政权力排除、限制竞争的行为,是我国《反垄断法》规制的垄断行为之一。关于这种行为,下列哪些选项是正确的?③

A. 实施这种行为的主体,不限于行政机关

B. 实施这种行为的主体,不包括中央政府部门

C. 《反垄断法》对这种行为的规制,限定在商品流通和招投标领域

D. 《反垄断法》对这种行为的规制,主要采用行政责任的方式

---

① ACD ② ABD ③ AD

专题十二 反不正当竞争法

考点55 反不正当竞争法

276．2022 回忆/单

金硕巅峰公司是一家经营多年的教育培训机构,其广告"金硕巅峰,已助众多考生圆梦金硕"在当地颇有影响。前程公司为其同行,在自己网站上大力宣传并推广其"金硕 VIP 全程班"。关于前程公司的行为,下列哪一说法是正确的?①

A. 属于合法的竞争行为
B. 构成虚假或引人误解的商业宣传行为
C. 构成混淆行为
D. 构成互联网不正当竞争行为

277．2020 回忆/多

乙是国内大型视频网站,购买了一批热播电视剧的独家网络播放权。用户可以免费收看乙网站的热播电视剧,但不可避免需要同时收看片头片尾广告,乙网站以收取广告费盈利。甲开发出广告屏蔽软件,可屏蔽乙网站加载的广告,并招商播放第三方的广告。对此,下列说法正确的有哪些?②

A. 甲的行为构成不正当竞争
B. 甲开发的屏蔽广告软件仅为一项技术手段,基于"技术无罪"不构成违法
C. 如不能确定乙网站损失金额,按照甲收取的广告费用计算
D. 乙网站调查甲行为所支付的所有费用应由甲赔偿

278．2019 回忆/多

甲公司取得了热播电视剧《明天会更好》的独家网络直播权,赵某嫌该剧片头广告时间过长,开发出屏蔽该片头广告的软件,并在其社交主页上提供了专门的下载通道,受到网民追捧。随后赵某用此软件招商,播放乙公司的产品广告,收益颇丰。下列说法正确的是：③

A. 赵某的行为有利于消费者,不应被禁止

---

① C　② AC　③ BD

B. 赵某的行为构成不正当竞争行为

C. 赵某并非经营者,所以其不是不正当竞争行为的适格主体

D. 甲公司的实际损失难以计算的,可按赵某向乙公司收取的报酬确定赔偿金额

279. (2018 回忆/单)

姚某在使用甲网站的搜索引擎时,在搜索结果页面出现前总会弹出宣传页面,严重遮挡搜索结果页面。经查,乙网络技术公司为甲网站提供技术支持,其插入宣传页面的行为未经甲网站允许。关于乙公司的行为,下列哪一说法是正确的?①

A. 属于合理利用网络资源

B. 构成虚假广告宣传行为

C. 构成不正当竞争行为

D. 无需经甲网站同意

280. (2017/1/29/单)

某蛋糕店开业之初,为扩大影响,增加销售,出钱雇人排队抢购。不久,该店门口便时常排起长队,销售盛况的照片也频频出现于网络等媒体,附近同类店家生意随之清淡。对此行为,下列哪一说法是正确的?②

A. 属于正当的营销行为

B. 构成混淆行为

C. 构成虚假宣传行为

D. 构成商业贿赂行为

281. (2016/1/68/多)

甲县善福公司(简称甲公司)的前身为创始于清末的陈氏善福铺,享誉百年,陈某继承祖业后注册了该公司,并规范使用其商业标识。乙县善福公司(简称乙公司)系张某先于甲公司注册,且持有"善福100"商标权。乙公司在其网站登载善福铺的历史及荣誉,还在其产品包装标注"百年老牌""创始于清末"等字样,但均未证明其与善福铺存在历史联系。甲、乙公司存在竞争关系。关于此事,下列哪些说法是正确的?③

A. 陈某注册甲公司的行为符合诚实信用原则

B. 乙公司登载善福铺历史及标注字样的行为损害了甲公司的商誉

---

① C ② C ③ AD

C. 甲公司使用"善福公司"的行为侵害了乙公司的商标权

D. 乙公司登载善福铺历史及标注字样的行为构成虚假宣传行为

282. 2015/1/68/多

甲公司拥有"飞鸿"注册商标,核定使用的商品为酱油等食用调料。乙公司成立在后,特意将"飞鸿"登记为企业字号,并在广告、企业厂牌、商品上突出使用。乙公司使用违法添加剂生产酱油被媒体曝光后,甲公司的市场声誉和产品销量受到严重影响。关于本案,下列哪些说法是正确的?①

A. 乙公司侵犯了甲公司的注册商标专用权

B. 乙公司将"飞鸿"登记为企业字号并突出使用的行为构成不正当竞争行为

C. 甲公司因调查乙公司不正当竞争行为所支付的合理费用应由乙公司赔偿

D. 甲公司应允许乙公司在不变更企业名称的情况下以其他商标生产销售合格的酱油

283. 2014/1/27/单

红心地板公司在某市电视台投放广告,称"红心牌原装进口实木地板为你分忧",并称"强化木地板甲醛高、不耐用"。此后,本地市场上的强化木地板销量锐减。经查明,该公司生产的实木地板是用进口木材在国内加工而成。关于该广告行为,下列哪一选项是正确的?②

A. 属于正当竞争行为

B. 仅属于诋毁商誉行为

C. 仅属于虚假宣传行为

D. 既属于诋毁商誉行为,又属于虚假宣传行为

284. 2014/1/65/多

甲酒厂为扩大销量,精心摹仿乙酒厂知名白酒的包装、装潢。关于甲厂摹仿行为,下列哪些判断是错误的?③

A. 如果乙厂的包装、装潢未获得外观设计专利,则甲厂摹仿行为合法

B. 如果甲厂在包装、装潢上标明了自己的厂名、厂址、商标,则不构成混淆行为

---

① ABC ② D ③ ABD

C. 如果甲厂白酒的包装、装潢不足以使消费者误认为是乙厂白酒,则不构成混淆行为

D. 如果乙厂白酒的长期消费者留意之下能够辨别出二者差异,则不构成混淆行为

285. 2013/1/65/多

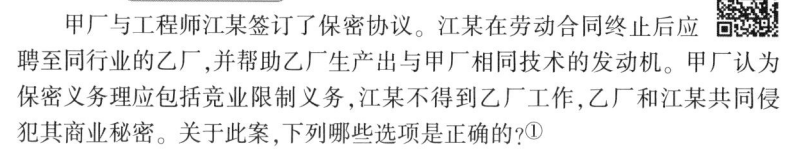

甲厂与工程师江某签订了保密协议。江某在劳动合同终止后应聘至同行业的乙厂,并帮助乙厂生产出与甲厂相同技术的发动机。甲厂认为保密义务理应包括竞业限制义务,江某不得到乙厂工作,乙厂和江某共同侵犯其商业秘密。关于此案,下列哪些选项是正确的?①

A. 如保密协议只约定保密义务,未约定支付保密费,则保密义务无约束力

B. 如双方未明确约定江某负有竞业限制义务,则江某有权到乙厂工作

C. 如江某违反保密协议的要求,向乙厂披露甲厂的保密技术,则构成侵犯商业秘密

D. 如乙厂能证明其未利诱江某披露甲厂的保密技术,则不构成侵犯商业秘密

286. 2012/1/27/单

某县"大队长酒楼"自创品牌后声名渐隆,妇孺皆知。同县的"牛记酒楼"经暗访发现,"大队长酒楼"经营特色是,服务员统一着 20 世纪 60 年代服装,播放该年代歌曲,店堂装修、菜名等也具有时代印记。"牛记酒楼"遂改名为"老社长酒楼",服装、歌曲、装修、菜名等一应照搬。根据《反不正当竞争法》的规定,"牛记酒楼"的行为属于下列哪一种行为?②

A. 正当的竞争行为

B. 侵犯商业秘密行为

C. 混淆行为

D. 虚假宣传行为

287. 2012/1/64/多

下列哪些选项属于不正当竞争行为?③

A. 甲灯具厂捏造乙灯具厂偷工减料的事实,私下告诉乙厂的几家重要客户

---

① BC ② C ③ AD

B. 甲公司发布高薪招聘广告,乙公司数名高管集体辞职前往应聘,甲公司予以聘用
C. 甲电器厂产品具有严重瑕疵,媒体误报道为乙电器厂产品,甲厂未主动澄清
D. 甲厂使用与乙厂知名商品近似的名称、包装和装潢,消费者经仔细辨别方可区别二者差异

288. 2010/1/67/多

根据《反不正当竞争法》规定,下列哪些行为属于不正当竞争行为?①

A. 甲企业将所产袋装牛奶标注的生产日期延后了两天
B. 乙企业举办抽奖式有奖销售,最高奖为 5000 元购物券,并规定用购物券购物满 1000 元的可再获一次抽奖机会
C. 丙企业规定,销售一台电脑给中间人 5% 佣金,可不入账
D. 丁企业为清偿债务,按低于成本的价格销售商品

289. 2008/1/74/多

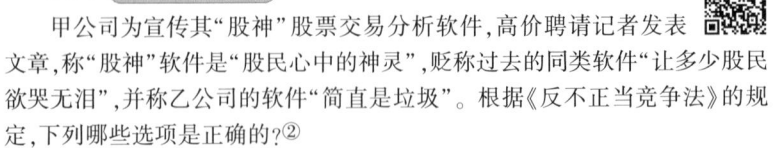

甲公司为宣传其"股神"股票交易分析软件,高价聘请记者发表文章,称"股神"软件是"股民心中的神灵",贬称过去的同类软件"让多少股民欲哭无泪",并称乙公司的软件"简直是垃圾"。根据《反不正当竞争法》的规定,下列哪些选项是正确的?②

A. 只有乙公司才能起诉甲公司的诋毁商誉行为
B. 甲公司的行为只有出于故意才能构成诋毁商誉行为
C. 只有证明记者拿了甲公司的钱财,才能认定其参与诋毁商誉行为
D. 只有证明甲公司捏造和散布了虚假事实,才能认定其构成不正当竞争

专题十三 消费者权益保护法

考点56 消费者权益保护法

290. 2022 回忆/多

程某到某著名手机品牌的官网上买了一个手机,用了 1 个月之后感觉手机有问题,遂到维修店进行检测,检测结果为二手手机。对此,程某能

---
① AC ② BD

够主张下列哪些请求?①
A. 以存在欺诈为由,撤销买卖合同
B. 要求退还旧手机,换一台新手机
C. 主张三倍的惩罚性赔偿
D. 保留该手机,主张补偿差价

291． （2020 回忆/多）

陈某在点餐网外卖平台订餐,在"纯真拉面"餐厅点了一份牛肉拉面,价款 50 元。11 点 10 分,短信提示外卖已送出。11 点 29 分,短信告知订单因配送问题被取消,且 50 元餐费被退回。陈某向点餐网质询,对方反馈:该订单是因配送问题被系统自动取消,此种情形在点餐网偶有发生。陈某起诉点餐网欺诈消费者,主张 500 元的赔偿。法院查明该订单配送服务方为点餐网平台,取消订单确系因配送问题。以下选项哪些是正确的?②
A. 点餐网应向陈某退回 50 元餐费
B. 点餐网应向陈某赔偿 500 元
C. 点餐网应向陈某赔偿 150 元
D. 纯真拉面餐厅应向陈某赔偿 500 元

292． （2016/1/69/多）

甲在乙公司办理了手机通讯服务,业务单约定:如甲方(甲)预付费使用完毕而未及时补交款项,乙方(乙公司)有权暂停甲方的通讯服务,由此造成损失,乙方概不担责。甲预付了费用,1 年后发现所用手机被停机,经查询方得知公司有"话费有效期满暂停服务"的规定,此时账户尚有余额,遂诉之。关于此事,下列哪些说法是正确的?③
A. 乙公司侵犯了甲的知情权
B. 乙公司提供格式条款时应提醒甲注意暂停服务的情形
C. 甲有权要求乙公司退还全部预付费
D. 法院应支持甲要求乙公司承担惩罚性赔偿的请求

293． （2015/1/27/单）

甲在 A 银行办理了一张可异地跨行存取款的银行卡,并曾用该银行卡在 A 银行一台自动取款机上取款。甲取款数日后,发现该卡内的全部存款被人在异地 B 银行的自动取款机上取走。后查明:甲在 A 银行取款前一

---

① ABCD ② AB ③ AB

天,某盗卡团伙已在该自动取款机上安装了摄像和读卡装置(一周后被发现);甲对该卡和密码一直妥善保管,也从未委托他人使用。关于甲的存款损失,下列哪一说法是正确的?①

A. 自行承担部分损失

B. 有权要求 A 银行赔偿

C. 有权要求 A 银行和 B 银行赔偿

D. 只能要求复制盗刷银行卡的罪犯赔偿

294. 某商场使用了由东方电梯厂生产、亚林公司销售的自动扶梯。某日营业时间,自动扶梯突然逆向运行,造成顾客王某、栗某和商场职工薛某受伤,其中栗某受重伤,经治疗半身瘫痪,数次自杀未遂。现查明,该型号自动扶梯在全国已多次发生相同问题,但电梯厂均通过更换零部件、维修进行处理,并未停止生产和销售。

请回答第(1)、(2)题。

(1) 2015/1/95/任

关于赔偿主体及赔偿责任,下列选项正确的是:②

A. 顾客王某、栗某有权请求商场承担赔偿责任

B. 受害人有权请求电梯厂和亚林公司承担赔偿责任

C. 电梯厂和亚林公司承担连带赔偿责任

D. 商场和电梯厂承担按份赔偿责任

(2) 2015/1/96/任

关于顾客王某与栗某可主张的赔偿费用,下列选项正确的是:③

A. 均可主张为治疗支出的合理费用

B. 均可主张因误工减少的收入

C. 栗某可主张精神损害赔偿

D. 栗某可主张所受损失 2 倍以下的惩罚性赔偿

295. 2014/1/66/多

张某从某网店购买一套汽车坐垫。货到拆封后,张某因不喜欢其花色款式,多次与网店交涉要求退货。网店的下列哪些回答是违法的?④

A. 客户下单时网店曾提示"一经拆封,概不退货",故对已拆封商品不予退货

---

① B ② ABC ③ ABCD ④ ABD

B. 该商品无质量问题,花色款式也是客户自选,故退货理由不成立,不予退货
C. 如网店同意退货,客户应承担退货的运费
D. 如网店同意退货,货款只能在一个月后退还

296. 2014/1/68/多

彦某将一套住房分别委托甲、乙两家中介公司出售。钱某通过甲公司看中该房,但觉得房价太高。双方在看房前所签协议中约定了防"跳单"条款:钱某对甲公司的房源信息负保密义务,不得利用其信息撇开甲公司直接与房主签约,否则支付违约金。事后钱某又在乙公司发现同一房源,而房价比甲公司低得多。钱某通过乙公司买得该房,甲公司得知后提出异议。关于本案,下列哪些判断是错误的?①

A. 防"跳单"条款限制了消费者的自主选择权
B. 甲公司抬高房价侵害了消费者的公平交易权
C. 乙公司的行为属于不正当竞争行为
D. 钱某侵犯了甲公司的商业秘密

297. 2011/1/65/多

F公司是一家专营进口高档家具的企业。媒体曝光该公司有部分家具是在国内生产后,以"先出口,再进口"的方式取得进口报关凭证,在销售时标注为外国原产,以高于出厂价数倍的价格销售。此时,已经在F公司购买家具的顾客,可以行使下列哪些权利?②

A. 顾客有权要求F公司提供所售商品的产地、制造商、采购价格、材料等真实信息并提供充分证明
B. 如F公司不能提供所售商品的真实信息和充分证明,顾客有权要求退货
C. 如能够确认F公司对所售商品的产地、材质等有虚假陈述,顾客有权要求双倍返还价款
D. 即使F公司提供了所售商品的真实信息和充分证明,顾客仍有权以"对公司失去信任"为由要求退货

298. 2010/1/68/多

甲公司租赁乙公司大楼举办展销会,向众商户出租展台,消费者

---

① ABCD ② AB(原答案为ABC)

李某在其中丙公司的展台购买了一台丁公司生产的家用电暖器,使用中出现质量问题并造成伤害,李某索赔时遇上述公司互相推诿。上述公司的下列哪些主张是错误的?①

A. 丙公司认为属于产品质量问题,应找丁公司解决
B. 乙公司称自己与产品质量问题无关,不应承担责任
C. 丁公司认为产品已交丙公司包销,自己不再负责
D. 甲公司称展销会结束后,丙公司已撤离,自己无法负责

299． 2009/1/25/单

郭某与 10 岁的儿子到饭馆用餐,如厕时将手提包留在座位上嘱咐儿子看管,回来后发现手提包丢失。郭某要求饭馆赔偿被拒绝,遂提起民事诉讼。根据消费者安全保障权,下列哪一说法是正确的?②

A. 饭馆应保障顾客在接受服务时的财产安全,并承担顾客随身物品遗失的风险
B. 饭馆应保证其提供的饮食服务符合保障人身、财产安全的要求,但并不承担对顾客随身物品的保管义务,也不承担顾客随身物品遗失的风险
C. 饭馆应对顾客妥善保管随身物品作出明显提示,否则应当对顾客的物品丢失承担赔偿责任
D. 饭馆应确保其服务环境绝对安全,应当对顾客在饭馆内遭受的一切损失承担赔偿责任

300． 2008/1/24/单

某美容店向王某推荐一种"雅兰牌"护肤产品。王某对该品牌产品如此便宜表示疑惑,店家解释为店庆优惠。王某买回使用后,面部出现红肿、瘙痒,苦不堪言。质检部门认定系假冒劣质产品。王某遂向美容店索赔。对此,下列哪一选项是正确的?③

A. 美容店不知道该产品为假名牌,不应承担责任
B. 美容店不是假名牌的生产者,不应承担责任
C. 王某对该产品有怀疑仍接受了服务,应承担部分责任
D. 美容店违反了保证商品和服务安全的义务,应当承担全部责任

① ACD ② B ③ D

刷题表	时间	题号	一刷	二刷	题号	一刷	二刷	题号	一刷	二刷	题号	一刷	二刷

专题十四 产品质量法

考点57 产品质量法

301．2023 回忆/单

韩某购买了一张箱体床,生产厂家承诺:保质期3年,终身维修。3年后的某天晚上,韩某在正常睡觉时床体坠落,导致其右臂骨折。厂家对该床存在的缺陷没有明显提示,我国目前关于箱体床并无国家标准。对此,下列哪一说法是正确的?①

A. 由于没有国家标准,无法确定该床是否存在缺陷
B. 韩某摔伤属于意外事件,厂家不用赔偿
C. 虽然超过保质期,厂家依然要赔偿
D. 韩某索赔时要提供产品质量缺陷的证明

302．2017/1/30/单

霍某在靓顺公司购得一辆汽车,使用半年后前去靓顺公司维护保养。工作人员告诉霍某该车气囊电脑存在故障,需要更换。霍某认为此为产品质量问题,要求靓顺公司免费更换,靓顺公司认为是霍某使用不当所致,要求其承担更换费用。经查,该车气囊电脑不符合产品说明所述质量。对此,下列哪一说法是正确的?②

A. 霍某有权请求靓顺公司承担违约责任
B. 霍某只能请求该车生产商承担免费更换责任
C. 霍某有权请求靓顺公司承担产品侵权责任
D. 靓顺公司和该车生产商应当连带承担产品侵权责任

303．2016/1/70/多

某家具店出售的衣柜,如未被恰当地固定到墙上,可能发生因柜子倾倒致人伤亡的危险。关于此事,下列哪些说法是正确的?③

A. 该柜质量应符合产品安全性的要求
B. 该柜本身或其包装上应有警示标志或者中文警示说明
C. 质检部门对这种柜子进行抽查,可向该店收取检验费
D. 如该柜被召回,该店应承担购买者因召回支出的全部费用

---

① C ② A ③ AB

| 刷题表 | 时　间 | 题号 | 一刷 | 二刷 | 题号 | 一刷 | 二刷 | 题号 | 一刷 | 二刷 | 题号 | 一刷 | 二刷 |

304． 2013/1/66/多

孙某从某超市买回的跑步机在使用中出现故障并致其受伤。经查询得知,该型号跑步机数年前已被认定为不合格产品,超市从总经销商煌煌商贸公司依正规渠道进货。下列哪些选项是正确的?①

A. 孙某有权向该跑步机生产商索赔
B. 孙某有权向煌煌商贸公司、超市索赔
C. 超市向孙某赔偿后,有权向该跑步机生产商索赔
D. 超市向孙某赔偿后,有权向煌煌商贸公司索赔

305． 2012/1/28/多

赵某从某商场购买了某厂生产的高压锅,烹饪时邻居钱某到其厨房聊天,高压锅爆炸致2人受伤。下列哪些选项是错误的?②

A. 钱某不得依据《消费者权益保护法》请求赔偿
B. 如高压锅被认定为缺陷产品,赵某可向该厂也可向该商场请求赔偿
C. 如高压锅未被认定为缺陷产品则该厂不承担赔偿责任
D. 如该商场证明目前科技水平尚不能发现缺陷存在则不承担赔偿责任

专题十五　食品安全法

考点58　食品安全法

306． 2023回忆/多

甲公司研发了一款营养米糊,通过了食品检验机构的检验。为了推广该营养米糊,甲公司承诺向某地区捐赠1000罐,并获得了食品行业协会的宣传推荐。消费者姜某在乙公司开办的集中交易市场上,于丙公司(无食品经营许可证)的摊位上购买了该营养米糊,回家饮用后身体不适。经查,该营养米糊农药残留超标,但食品检验机构未检测出来。据此,姜某可向谁主张赔偿?③

A. 食品检验机构　　　B. 食品行业协会
C. 乙公司　　　　　　D. 丙公司

307． 2020回忆/任

甲公司为了宣传其新开发的某保健品,擅自篡改食品安全监管部

---

① ABCD　② AD(原答案为D)。原为单选题,根据新法答案有变化,调整为多选题　③ CD

| 刷题表 | 时 间 | 题号 | 一刷 | 二刷 | 题号 | 一刷 | 二刷 | 题号 | 一刷 | 二刷 | 题号 | 一刷 | 二刷 |

门审批的批准文号。甲公司委托乙广告公司设计了该保健品的广告,聘请大腕明星张三做代言人。现查明张三从未服用过该保健品,只是碍于情面为其推荐。现甲公司在报纸和电视上高频率地发布该广告。部分消费者服用后引起心律不齐,经鉴定该保健品中含有不得添加的药物。根据相关法律,下列判断正确的是:①

A. 当地食品安全监督管理部门需要对消费者承担连带责任
B. 乙广告公司只有在明知该保健品功效虚假的情况下才承担法律责任
C. 明星张三须承担连带责任
D. 发布该广告的报纸和电视台无需对消费者承担连带责任

308. 2018 回忆/多

梁某在星光商场购得进口葡萄酒 5 瓶,共计 1000 元。该葡萄酒中文标签标明"酒精度 11%"和保质期等内容,外文标签标明"酒精度 10.8%"等内容。梁某以"葡萄酒有违食品安全标准为由"诉求获得 1 万元的额外赔偿。经查,该葡萄酒酒精度实测数为 10.92%,在法定合理误差范围内,星光商场也能证明该葡萄酒系安全食品。对此,下列说法正确的是:②

A. 该葡萄酒的标签应当清楚明确,不得误导消费者
B. 梁某的诉求应当得到法院的支持
C. 该葡萄酒的标签存在瑕疵,应由食品安全监督管理部门责令改正,并处以罚款
D. 该葡萄酒的保质期标识应当显著标注

309. 2017/1/67/多

李某花 2000 元购得某省 M 公司生产的苦茶一批,发现其备案标准并非苦茶的标准,且保质期仅为 9 个月,但产品包装上显示为 18 个月,遂要求该公司支付 2 万元的赔偿金。对此,下列哪些说法是正确的?③

A. 李某的索赔请求于法有据
B. 茶叶的食品安全国家标准由国家卫健委制定、公布并提供标准编号
C. 没有苦茶的食品安全国家标准时,该省卫健委可制定地方标准,待国家标准制定后,酌情存废
D. 国家鼓励该公司就苦茶制定严于食品安全国家标准或地方标准的企业标准,在该公司适用,并报该省卫健委备案

---

① C ② AD ③ AD

· 105 ·

310． 2016/1/71/多

李某从超市购得橄榄调和油,发现该油标签上有"橄榄"二字,侧面标示"配料:大豆油,橄榄油",吊牌上写明:"添加了特等初榨橄榄油",遂诉之。经查,李某事前曾多次在该超市"知假买假"。关于此案,下列哪些说法是正确的?①

A. 该油的质量安全管理,应遵守《农产品质量安全法》的规定
B. 该油未标明橄榄油添加量,不符合食品安全标准要求
C. 如李某只向该超市索赔,该超市应先行赔付
D. 超市以李某"知假买假"为由进行抗辩的,法院不予支持

311． 2014/1/67/多

曾某在某超市以 80 元购买酸奶数盒,食用后全家上吐下泻,为此支付医疗费 800 元。事后发现,其所购的酸奶在出售时已超过保质期,曾某遂要求超市赔偿。对此,下列哪些判断是正确的?②

A. 销售超过保质期的食品属于违反法律禁止性规定的行为
B. 曾某在购买时未仔细查看商品上的生产日期,应当自负其责
C. 曾某有权要求该超市退还其购买酸奶所付的价款
D. 曾某有权要求该超市赔偿 800 元医疗费,并增加赔偿 800 元

312． 2013/1/28/单

红星超市发现其经营的"荷叶牌"速冻水饺不符合食品安全标准,拟采取的下列哪一措施是错误的?③

A. 立即停止经营该品牌水饺
B. 通知该品牌水饺生产商和消费者
C. 召回已销售的该品牌水饺
D. 记录停止经营和通知情况

313． 2013/1/67/多 新法改编

某省发现有大米被镉污染的情况,立即部署各地成立联合执法组,彻查市场中的大米及米制品。对此,下列哪些说法是正确的?④

A. 大米、米制品的质量安全管理须以《食品安全法》为依据
B. 应依照《食品安全法》有关规定公布大米、米制品安全有关信息
C. 县有关部门进入某米粉加工厂检查时,该厂不得以商业秘密为由予

① BCD ② ACD ③ C ④ BCD

以拒绝

D. 虽已构成重大食品安全事故,但影响仅限于该省,可由省食品安全监督管理部门公布有关食品安全信息

314. (2012/1/65/多) 新法改编

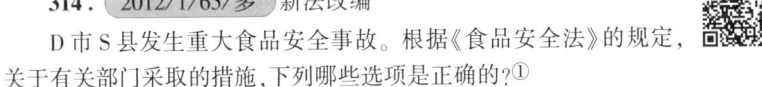

D 市 S 县发生重大食品安全事故。根据《食品安全法》的规定,关于有关部门采取的措施,下列哪些选项是正确的?①

A. 接收病人的 S 县医院立即向 S 县食品安全监管、卫生行政部门报告
B. 接到报告的 S 县食品安全监管部门及时向 S 县政府和 D 市食品安全监管部门报告
C. S 县食品安全监管部门立即成立食品安全事故处置指挥部
D. S 县食品安全监管部门在必要时可直接向国务院食品安全监管部门报告事故及其处理信息

315. (2011/1/28/单)

关于食品添加剂管制,下列哪一说法符合《食品安全法》的规定?②

A. 向食品生产者供应新型食品添加剂的,必须持有省级卫生行政部门发放的特别许可证
B. 未获得食品添加剂销售许可的企业,不得销售含有食品添加剂的食品
C. 生产含有食品添加剂的食品的,必须给产品包装加上载有"食品添加剂"字样的标签
D. 销售含有食品添加剂的食品的,必须在销售场所设置载明"食品添加剂"字样的专柜

316. (2010/1/25/单)

某企业明知其产品不符合食品安全标准,仍予以销售,造成消费者损害。关于该企业应承担的法律责任,下列哪一说法是错误的?③

A. 除按消费者请求赔偿实际损失外,并按消费者要求支付所购食品价款十倍的赔偿金
B. 应当承担民事赔偿责任和缴纳罚款、罚金的,优先支付罚款、罚金
C. 可能被采取的强制措施种类有责令改正、警告、停产停业、没收、罚款、吊销许可证

---

① ABD ② C ③ B

D. 如该企业被吊销食品生产许可证,其直接负责的主管人员五年内不得从事食品生产经营管理工作

317． 2009/1/67/多

关于国家食品安全风险监测制度,下列哪些表述是正确的?①

A. 食品安全风险监测制度以食源性疾病、食品污染以及食品中的有害因素为监测对象
B. 食品安全风险监测计划由国务院卫生行政部门会同有关部门制定、实施
C. 通过食品安全风险监测发现食品安全隐患时,国务院卫生行政部门应当立即进行检验和食品安全风险评估
D. 食品安全风险监测信息是制定、修订食品安全标准和对食品实施监督管理的科学依据

专题十六　商业银行法

考点59　商业银行法

318． 2023 回忆/多

某商业银行因房地产开发商不能按期归还贷款,遂通过同业拆借获得资金再放贷,如此反复拆借放贷,最终导致资金链断裂。对于该商业银行的违法行为,下列哪些处理措施是正确的?②

A. 由中国人民银行决定接管
B. 由国家金融监督管理总局决定接管
C. 由中国人民银行责令停业整顿
D. 由中国人民银行处以罚款

319． 2020 回忆/单

张某与蓝音文化传媒公司之间因为劳动合同的履行发生纠纷,该争议在劳动仲裁机构进行仲裁。蓝音公司先前为张某等员工在某银行开设了个人银行账户,用于发放劳动报酬,因蓝音公司怀疑张某违反劳动合同私自参与商业演出并获得巨额报酬,于是请求银行提供张某最近1年在该行的个人账户明细。对此事件,下列判断正确的是哪一项?③

---

① ABC　② BD　③ D

A. 银行应向劳动仲裁委员会提供张某个人账户明细
B. 银行应对存款人信息保守秘密,任何情况下都不得对外提供
C. 银行可以向蓝音公司提供张某个人账户明细
D. 银行有权拒绝劳动仲裁委员会和蓝音公司的查询请求

320. 2018 回忆/多

某商业银行在贷款发放和管理中存在严重违反审慎经营规则的行为,未遵守资产负债比例要求,导致该银行的资金链受到重创,严重影响了存款人的利益,国务院银行业监督管理机构决定对其接管,接管期1年。下列有关说法正确的是:①

A. 该商业银行被接管期间,储户的存款利息不变
B. 接管组可以委托建设银行托管该商业银行的业务
C. 如果接管期限届满前该商业银行被宣告破产,接管应终止
D. 尽管接管期限届满前该商业银行恢复运营能力,接管措施也应该维持至接管期限届满

321. 2017/1/68/多

某商业银行推出"校园贷"业务,旨在向在校大学生提供额度不等的消费贷款。对此,下列哪些说法是错误的?②

A. 银行向在校大学生提供"校园贷"业务,须经国务院银监机构审批或备案
B. 在校大学生向银行申请"校园贷"业务,无论资信如何,都必须提供担保
C. 银行应对借款大学生的学习、恋爱经历、父母工作等情况进行严格审查
D. 银行为提高"校园贷"业务发放效率,审查人员和放贷人员可同为一人

322. 2014/1/28/单

某商业银行通过同业拆借获得一笔资金。关于该拆入资金的用途,下列哪一选项是违法的?③

A. 弥补票据结算的不足
B. 弥补联行汇差头寸的不足

---

① ABC ② BCD ③ C

C. 发放有担保的短期固定资产贷款

D. 解决临时性周转资金的需要

323. 2014/1/69/多

某市商业银行 2010 年通过实现抵押权取得某大楼的所有权，2013 年卖出该楼获利颇丰。2014 年该银行决定修建自用办公楼，并决定入股某知名房地产企业。该银行的下列哪些做法是合法的？①

A. 2010 年实现抵押权取得该楼所有权

B. 2013 年出售该楼

C. 2014 年修建自用办公楼

D. 2014 年入股某房地产企业

324. 2013/1/29/单

根据现行银行贷款制度，关于商业银行贷款，下列哪一说法是正确的？②

A. 商业银行与借款人订立贷款合同，可采取口头、书面或其他形式

B. 借款合同到期未偿还，经展期后到期仍未偿还的贷款，为呆账贷款

C. 政府部门强令商业银行向市政建设项目发放贷款的，商业银行有权拒绝

D. 商业银行对关系人提出的贷款申请，无论是信用贷款还是担保贷款，均应予拒绝

325. 2012/1/66/多

根据《商业银行法》，关于商业银行分支机构，下列哪些说法是错误的？③

A. 在中国境内应当按行政区划设立

B. 经地方政府批准即可设立

C. 分支机构不具有法人资格

D. 拨付各分支机构营运资金额的总和，不得超过总行资本金总额的 70%

326. 2012/1/67/多

根据《商业银行法》，关于商业银行的设立和变更，下列哪些说法是正确的？④

---

① AC　② C　③ ABD　④ ABD

A. 国务院银行业监督管理机构可以根据审慎监管的要求,在法定标准的基础上提高商业银行设立的注册资本最低限额
B. 商业银行的组织形式、组织机构适用《公司法》
C. 商业银行的分立、合并不适用《公司法》
D. 任何单位和个人购买商业银行股份总额5%以上的,应事先经国务院银行业监督管理机构批准

327. 李大伟是M城市商业银行的董事,其妻张霞为S公司的总经理,其子李小武为L公司的董事长。2009年9月,L公司向M银行的下属分行申请贷款1000万元。其间,李大伟对分行负责人谢二宝施加压力,令其按低于同类贷款的优惠利息发放此笔贷款。L公司提供了由保证人陈富提供的一张面额为2000万元的个人储蓄存单作为贷款质押。贷款到期后,L公司无力偿还,双方发生纠纷。根据《商业银行法》的规定,请回答(1)~(3)题。

(1) 2011/1/92/任
关于M银行向L公司发放贷款的行为,下列判断正确的是:①
A. L公司为M银行的关系人,依照法律规定,M银行不得向L公司发放任何贷款
B. L公司为M银行的关系人,依照法律规定,M银行可以向L公司发放担保贷款,但不得提供优于其他借款人同类贷款的条件
C. 该贷款合同无效
D. 该贷款合同有效

(2) 2011/1/93/任
关于李大伟在此项贷款交易中的行为,下列判断正确的是:②
A. 李大伟强令下属机构发放贷款,是《商业银行法》禁止的行为
B. 该贷款合同无效,李大伟应当承担由合同无效引起的一切损失
C. 该贷款合同有效,李大伟应当承担因不正当优惠条件给银行造成的包括利息差额在内的损失
D. 分行负责人谢二宝也应当承担相应的赔偿责任

(3) 2011/1/94/任
现查明,保证人陈富为S公司财务总监,其用于质押的存单是以S公司的资金办理的存储。并查明,L公司取得贷款后,曾向S公司管理层支

---

① BD ② ACD

付50万元报酬。对此,下列判断正确的是:①
A. S公司公款私存,是我国银行法禁止的行为
B. S公司公款私存,只是一般的财务违纪行为
C. S公司管理层获取的50万元报酬应当由国务院银行业监督管理机构予以收缴
D. S公司管理层获取的50万元报酬应当归S公司所有

328. 2010/1/69/多

商业银行出现下列哪些行为时,中国人民银行有权建议银行业监督管理机构责令停业整顿或吊销经营许可证?②
A. 未经批准分立、合并的
B. 未经批准发行、买卖金融债券的
C. 提供虚假财务报告、报表和统计报表的
D. 违反规定同业拆借的

329. 某城市商业银行在合并多家城市信用社的基础上设立,其资产质量差,经营队伍弱,长期以来资本充足率、资产流动性、存贷款比例等指标均不能达到监管标准。根据有关法律规定,请回答第(1)~(3)题。

(1) 2009/1/95/任 改编

某日,该银行行长卷款潜逃。事发后,大量存款户和票据持有人前来提款。该银行现有资金不能应付这些提款请求,又不能由同行获得拆借资金。根据相关法律,下列判断正确的是:③
A. 该银行即将发生信用危机
B. 该银行可以由国家金融监督管理总局实行接管
C. 该银行可以由中国人民银行实施托管
D. 该银行可以由当地人民政府实施机构重组

(2) 2009/1/96/任

在作出对该银行的行政处置决定后,负责处置的机构对该银行的人员采取了以下措施,其中符合法律规定的是:④
A. 对该行全体人员发出通知,要求各自坚守岗位,认真履行职责
B. 该行副行长邱某、薛某持有出境旅行证件却拒不交出。对此,通知出境管理机关阻止其出境

---

① AC ② CD ③ B ④ ABC

C. 该行董事范某欲抛售其持有的一批股票。对此,申请司法机关禁止其转让股票
D. 该行会计师佘某欲将自己的一处房屋转让给他人。对此,通知房产管理部门停止办理该房屋的过户登记

(3) 2009/1/97/任

经采取处置措施,该银行仍不能在规定期限内恢复正常经营能力,且资产情况进一步恶化,各方人士均认为可适用破产程序。如该银行申请破产,应当遵守的规定是:①
A. 该银行应当证明自己已经不能支付到期债务,且资产不足以清偿全部债务
B. 该银行在提出破产申请前应当成立清算组
C. 该银行在向法院提交破产申请前应当得到国家金融监督管理总局的同意
D. 该银行在法院提交破产申请时应当提交债务清偿方案和职工安置方案

330. 2008/1/23/单

关于商业银行贷款法律制度,下列哪一选项是错误的?②
A. 商业银行贷款应当实行审贷分离、分级审批的制度
B. 商业银行可以根据贷款数额以及贷款期限,自行确定贷款利率
C. 商业银行贷款,应当遵守资本充足率不得低于百分之八的规定
D. 商业银行贷款,应当对借款人的借款用途、偿还能力、还款方式等情况进行严格审查

专题十七　银行业监督管理法

考点60 银行业监督管理法

331. 2021回忆/多

某商业银行的流动性比率低于20%,银行业监督管理机构责令其限期改正。某商业银行认为其流动性并不影响正常经营,逾期未进行改正。对此,银行业监管机构有权对该商业银行采取哪些措施?③

---

① C　② B　③ ABCD

A. 暂停其部分业务
B. 限制其新设分支机构
C. 限制其董事和高管人员的权利
D. 限制其对外转让资产

332. 2018回忆/单

某商业银行董事长张某授意该银行隐瞒亏损并提供虚假财务报告,导致该商业银行被吊销经营许可证,后被撤销清算。在此之前,该商业银行曾因未遵守关于资产负债的比例违规发放贷款被国务院银行业监督管理机构处以罚款,该罚款尚未缴纳。该商业银行被撤销清算期间,发现未缴纳上一年度税款,还有一笔税款因商业银行计算错误而未缴纳。下列相关说法正确的是:①

A. 在清算时,清算组应优先清偿包含企业所得税在内的欠缴税款
B. 在清算期间,该银行应先向国务院银行业监督管理机构缴纳罚款
C. 在该商业银行被清算期间,经国务院银行业监督管理机构负责人批准,可申请司法机关禁止张某出售其自有房屋
D. 因计算错误未缴的税款,税务机关可要求该商业银行补缴但不能收取滞纳金

333. 2016/1/72/多 改编

陈某在担任某信托公司总经理期间,该公司未按照金融企业会计制度和公司财务规则严格管理和审核资金使用,违法开展信托业务,造成公司重大损失。对此,陈某负有直接管理责任。关于此事,下列哪些说法是正确的?②

A. 该公司严重违反审慎经营规则
B. 国家金融监督管理总局可责令该公司停业整顿
C. 国家市场监督管理总局可吊销该公司的金融许可证
D. 国家金融监督管理总局可取消陈某一定期限直至终身的任职资格

334. 2013/1/68/多 改编

某商业银行决定推出一批新型理财产品,但该业务品种在已获批准的业务范围之外。该银行在报批的同时要求下属各分行开展试销。对此,下列哪些选项是正确的?③

---

① C ② ABD ③ AC

A. 该业务品种应由国家金融监督管理总局审批
B. 该业务品种应由中国人民银行审批
C. 因该业务品种在批准前即进行试销,有关部门有权对该银行进行处罚
D. 该业务品种在批准前进行的试销交易为效力待定的民事行为

335. 2013/1/69/多

某商业银行违反审慎经营规则,造成资本和资产状况恶化,严重危及稳健运行,损害存款人和其他客户合法权益。对此,银行业监督管理机构对该银行依法可采取下列哪些措施?①

A. 限制分配红利和其他收入
B. 限制工资总额
C. 责令调整高级管理人员
D. 责令减员增效

336. 2012/1/29/单

根据《银行业监督管理法》,国务院银行业监督管理机构有权对银行业金融机构的信用危机依法进行处置。关于处置规则,下列哪一说法是错误的?②

A. 该信用危机必须已经发生
B. 该信用危机必须达到严重影响存款人和其他客户合法权益的程度
C. 国务院银行业监督管理机构可以依法对该银行业金融机构实行接管
D. 国务院银行业监督管理机构也可以促成其机构重组

337. 2011/1/29/单

关于《银行业监督管理法》的适用范围,下列哪一说法是正确的?③

A. 信托投资公司适用本法
B. 金融租赁公司不适用本法
C. 金融资产管理公司不适用本法
D. 财务公司不适用本法

338. 2010/1/26/单

下列哪一选项不属于国务院银行业监督管理机构职责范围?④

---

① AC ② A ③ A ④ D

A. 审查批准银行业金融机构的设立、变更、终止以及业务范围
B. 受理银行业金融机构设立申请或者资本变更申请时,审查其股东的资金来源、财务状况、诚信状况等
C. 审查批准或者备案银行业金融机构业务范围内的业务品种
D. 接收商业银行交存的存款准备金和存款保险金

339. 2010/1/70/多

银行业监督管理机构依法对银行业金融机构进行检查时,经设区的市一级以上银行业监督管理机构负责人批准,可以对与涉嫌违法事项有关的单位和个人采取下列哪些措施?①

A. 询问有关单位或者个人,要求其对有关情况作出说明
B. 查阅、复制有关财务会计、财产权登记等文件与资料
C. 对涉嫌转移或者隐匿违法资金的账户予以冻结
D. 对可能被转移、隐匿、毁损或者伪造的文件与资料予以先行登记保存

340. 2008/1/22/单

某省银行业监督管理局依法对某城市商业银行进行现场检查时,发现该行有巨额非法票据承兑,可能引发系统性银行业风险。根据《银行业监督管理法》的规定,应当立即向下列何人报告?②

A. 该省人民政府主管金融工作的负责人
B. 国务院主管金融工作的负责人
C. 中国人民银行负责人
D. 国务院银行业监督管理机构负责人

专题十八 企业所得税法

考点61 企业所得税法

341. 2019 回忆/多

某公司生产新型手机充电宝,经营良好,2018 年销售额达 1 亿元,利润 1000 万元。同年,该公司支出如下:①购买原材料 5000 万元;②以融资租赁方式租出厂房的折旧费 100 万元;③补缴上年度所欠的企业所得税 100 万元;④向贫困地区捐赠扶贫资金 100 万元;⑤设备租赁费 500 万元;⑥明

---

① ABD ② D

星演唱会赞助费100万元;⑦专利使用费1000万元。以上支出,哪些可以在2018年度纳税所得额中扣除?①

A. ④⑦
B. ①⑤
C. ③⑤
D. ②⑥

342. 2017/1/70/多

A基金在我国境外某群岛注册并设置总部,该群岛系低税率地区。香港B公司和浙江C公司在浙江签约设立杭州D公司,其中B公司占95%的股权,后D公司获杭州公路收费权。F公司在该群岛注册成立,持有B公司100%的股权。随后,A基金通过认购新股方式获得了F公司26%的股权,多年后又将该股权转让给境外M上市公司。M公司对外披露其实际收购标的为D公司股权。经查,A基金、F公司和M公司均不从事实质性经营活动,F公司股权的转让价主要取决于D公司的估值。对此,根据我国税法,下列哪些说法是正确的?②

A. A基金系非居民企业
B. D公司系居民企业
C. A基金应就股权转让所得向我国税务机关进行纳税申报
D. 如A基金进行纳税申报,我国税务机关有权按照合理方法调整其应纳税收入

343. 2013/1/92/任

2012年12月,某公司对县税务局确定的企业所得税的应纳税所得额、应纳税额及在12月30日前缴清税款的要求极为不满,决定撤离该县,且不缴纳税款。县税务局得知后,责令该公司在12月15日前纳税。当该公司有转移生产设备的明显迹象时,县税务局责成其提供纳税担保。该公司取得的下列收入中,属于《企业所得税法》规定的应纳税收入的是:③

A. 财政拨款
B. 销售产品收入
C. 专利转让收入
D. 国债利息收入

344. 2010/1/71/多

根据《企业所得税法》规定,下列哪些表述是正确的?④

A. 国家对鼓励发展的产业和项目给予企业所得税优惠
B. 国家对需要重点扶持的高新技术企业可以适当提高其企业所得税税率

---

① AB ② ABCD ③ BC ④ ACD

C. 企业从事农、林、牧、渔业项目的所得可以免征、减征企业所得税
D. 企业安置残疾人员所支付的工资可以在计算应纳税所得额时加计扣除

345. 2009/1/27/单
关于企业所得税的说法,下列哪一选项是错误的?①
A. 在我国境内,企业和其他取得收入的组织为企业所得税的纳税人
B. 个人独资企业、合伙企业不是企业所得税的纳税人
C. 企业所得税的纳税人分为居民企业和非居民企业,二者的适用税率完全不同
D. 企业所得税的税收优惠,居民企业和非居民企业都有权享受

346. 2008/1/19/单
我国《企业所得税法》不适用于下列哪一种企业?②
A. 内资企业　　　　　　　B. 外国企业
C. 合伙企业　　　　　　　D. 外商投资企业

347. 2008/1/20/单
在计算企业应纳税所得额时,下列哪一项支出可以加计扣除?③
A. 新技术、新产品、新工艺的研究开发费用
B. 为安置残疾人员所购置的专门设施
C. 赞助支出
D. 职工教育经费

专题十九　个人所得税法

考点62 个人所得税法

348. 2021回忆/单
李某在北京有住所,在总部位于北京的甲公司工作多年,于2020年6月被甲公司派往德国工作,但其工资仍由甲公司按月支付。李某没有其他个人所得。关于李某缴纳个人所得税,下列哪一说法是正确的?④
A. 李某应在2021年3月至6月办理汇算清缴
B. 李某无需自己的纳税人识别号,应由甲公司代扣代缴

① C　② C　③ A　④ C

C. 甲公司应当按年计算,按月预扣预缴李某的个人所得税

D. 李某在德国工作期间为非居民纳税人,应当按月计算缴纳个人所得税

349． 2019 回忆/单

我国作家程某创作完成小说《天有多高》,出版后大卖,程某因此获得 50 万元稿酬,用该笔稿酬购买了一辆新能源电动汽车。后该小说在国外获奖,由某国际组织发放奖金 60 万元,并被外某国电影公司购买了改编权,获得该公司支付的特许权使用费 150 万元。关于程某纳税的税款,下列说法正确的是:①

A. 程某获得的稿酬应按比例缴纳个人所得税

B. 程某获得的奖金不应缴纳个人所得税

C. 购买新能源电动汽车应该免纳车船税

D. 程某在国外获得的特许权使用费不应缴纳个人所得税

350． 2016/1/29/单

根据《个人所得税法》,关于个人所得税的征缴,下列哪一说法是正确的?②

A. 自然人买彩票多倍投注,所获一次性奖金特别高的,可实行加成征收

B. 扣缴义务人履行代扣代缴义务的,税务机关按照所扣缴的税款付给 2%的手续费

C. 在中国境内无住所又不居住的个人,在境内取得的商业保险赔款,应缴纳个人所得税

D. 夫妻双方每月取得的工资薪金所得可合并计算,减除费用 7000 元后的余额,为应纳税所得额

351． 2015/1/69/单

关于个人所得税,下列哪一项表述是正确的?③

A. 以课税对象为划分标准,个人所得税属于动态财产税

B. 非居民纳税人是指不具有中国国籍但有来源于中国境内所得的个人

C. 居民纳税人从中国境内、境外取得的所得均应依法缴纳个人所得税

D. 劳务报酬所得适用比例税率,对劳务报酬所得一次收入畸高的,可实行加成征收

---

① B ② B ③ C(原答案为 CD)。原为多选题,根据新法答案有变化,调整为单选题

352. 2014/1/71/多

2012年外国人约翰来到中国,成为某合资企业经理,迄今一直居住在北京。根据《个人所得税法》,约翰获得的下列哪些收入应在我国缴纳个人所得税?①

A. 从该合资企业领取的薪金
B. 出租其在华期间购买的房屋获得的租金
C. 在中国某大学开设讲座获得的酬金
D. 在美国杂志上发表文章获得的稿酬

353. 2010/1/72/多

纳税义务人具有下列哪些情形的,应当按规定办理个人所得税纳税申报?②

A. 个人所得超过国务院规定数额的
B. 在两处以上取得工资、薪金所得的
C. 从中国境外取得所得的
D. 取得应纳税所得没有扣缴义务人的

专题二十 车船税法

考点63 车船税法

354. 2022 回忆/多

关于纯电动乘用车所涉税法,下列哪些说法是错误的?③

A. 获赠该类汽车的合伙企业应缴纳企业所得税
B. 对购买该汽车的自然人免征车船税
C. 抽奖获得该类汽车的外国人应缴纳噪声类环境保护税
D. 进口该类汽车的贸易公司应缴纳增值税和消费税

355. 2016/1/73/多

关于税收优惠制度,根据我国税法,下列哪些说法是正确的?④

A. 个人进口大量化妆品,免征消费税
B. 武警部队专用的巡逻车,免征车船税
C. 企业从事渔业项目的所得,可免征、减征企业所得税
D. 农民张某网上销售从其他农户处收购的山核桃,免征增值税

① ABCD ② CD(原答案为ABCD) ③ ABCD ④ BC

专题二十一 增值税法

考点64 增值税法

356. (2009/1/26/单)

关于增值税的说法,下列哪一选项是错误的?①

A. 增值税的税基是销售货物或者提供加工、修理修配劳务以及进口货物的增值额
B. 增值税起征点的范围只限于个人
C. 农业生产者销售自产农业产品的,免征增值税
D. 进口图书、报纸、杂志的,免征增值税

专题二十二 消费税法

考点65 消费税法

357. (2017/1/69/多)

某教师在税务师培训班上就我国财税法制有下列说法,其中哪些是正确的?②

A. 当税法有漏洞时,依据税收法定原则,不允许以类推适用方法来弥补税法漏洞
B. 增值税的纳税人分为一般纳税人和小规模纳税人,小规模纳税人的适用税率统一为3%
C. 消费税的征税对象为应税消费品,包括一次性竹制筷子和复合地板等
D. 车船税纳税义务发生时间为取得车船使用权或管理权的当年,并按年申报缴纳

专题二十三 税收征收管理法

考点66 税收征收管理法概述

358. (2011/1/66/多)

下列哪些法律渊源是地方政府开征、停征某种税收的依据?③

---

① D ② AB ③ AB

A. 全国人大及其常委会制定的法律
B. 国务院依据法律授权制定的行政法规
C. 国务院有关部委制定的部门规章
D. 地方人大、地方政府发布的地方法规

359. 2011/1/67/多

关于纳税人享有的权利,下列哪些选项是正确的?①

A. 向税务机关了解税收法律规定和纳税程序
B. 申请减税、免税、退税
C. 对税务机关的决定不服时,提出申辩,申请行政复议
D. 合法权益因税务机关违法行政而受侵害时,请求国家赔偿

360. 2009/1/68/多

2001年修订的《税收征收管理法》规定了纳税人的权利,下列哪些情形符合纳税人权利的规定?②

A. 张某要求查询丈夫的个人所得税申报信息,税务机关以保护纳税人秘密权为由予以拒绝
B. 甲公司对税务机关征收的一笔增值税计算方法有疑问,要求予以解释
C. 乙公司不服税收机关对其采取冻结银行存款的税收保全措施,申请行政复议
D. 个体工商户陈某认为税务所长在征税过程中对自己滥用职权故意刁难,向上级税务机关提出控告

考点67 税务管理

361. 2012/1/30/单

根据税收征收管理法规,关于税务登记,下列哪一说法是错误的?③

A. 从事生产、经营的纳税人,应在领取营业执照后,在规定时间内办理税务登记,领取税务登记证件
B. 从事生产、经营的纳税人在银行开立账户,应出具税务登记证件,其账号应当向税务机关报告
C. 纳税人税务登记内容发生变化,不需到工商行政管理机关或其他机关

---

① ABCD ② ABCD ③ C

办理变更登记的,可不向原税务登记机关申报办理变更税务登记

D. 从事生产、经营的纳税人外出经营,在同一地累计超过 180 天的,应在营业地办理税务登记手续

362. 2012/1/69/多

根据税收征收管理法规,关于从事生产、经营的纳税人账簿,下列哪些说法是正确的?①

A. 纳税人生产、经营规模小又确无建账能力的,可聘请经税务机关认可的财会人员代为建账和办理账务

B. 纳税人使用计算机记账的,应在使用前将会计电算化系统的会计核算软件、使用说明书及有关资料报送主管税务机关备案

C. 纳税人会计制度健全,能够通过计算机正确、完整计算其收入和所得情况的,其计算机输出的完整的书面会计记录,可视同会计账簿

D. 纳税人的账簿、记账凭证、报表、完税凭证、发票、出口凭证以及其他有关涉税资料,除另有规定外,应当保存 10 年

363. 2011/1/30/单

关于扣缴义务人,下列哪一说法是错误的?②

A. 是依法负有代扣代缴、代收代缴税款义务的单位和个人

B. 应当按时向税务机关报送代扣代缴、代收代缴税款报告表和其他有关资料

C. 可以向税务机关申请延期报送代扣代缴、代收代缴税款报告表和其他有关资料

D. 应当直接到税务机关报送代扣代缴、代收代缴税款报告表和其他有关资料

考点68 税收征收与保障

364. 2023 回忆/多

甲公司向乙公司出售房屋,双方签约后甲公司向税务局预缴税款 700 万元。后房屋买卖合同依法解除,甲公司向乙公司承诺在月底返还购房款。关于甲公司预交的税款,下列哪些说法是正确的?③

A. 税务局仅需退还预征税款 700 万元

---

① BCD(原答案为 ABCD) ② D ③ BC

B. 税务局不仅需退还预征税款,还应加算银行同期存款利息
C. 甲公司申请退还税款的期限是3年
D. 退还期限的起算时间是甲公司预缴税款之日

365. 2017/1/71/多

昌昌公司委托拍卖行将其房产拍卖后,按成交价向税务部门缴纳了相关税款,并取得了完税凭证。3年后,县地税局稽查局检查税费缴纳情况时,认为该公司房产拍卖成交价过低,不及市场价的一半。遂作出税务处理决定:重新核定房产交易价,追缴相关税款,加收滞纳金。经查,该公司所涉拍卖行为合法有效,也不存在逃税、骗税等行为。关于此事,下列哪些说法是正确的?①
  A. 该局具有独立执法主体资格
  B. 该公司申报的房产拍卖价明显偏低时,该局就可核定其应纳税额
  C. 该局向该公司加收滞纳金的行为违法
  D. 该公司对税务处理决定不服,可申请行政复议,对复议决定不服,才可提起诉讼

366. 2014/1/29/单

某企业流动资金匮乏,一直拖欠缴纳税款。为恢复生产,该企业将办公楼抵押给某银行获得贷款。此后,该企业因排污超标被环保部门罚款。现银行、税务部门和环保部门均要求拍卖该办公楼以偿还欠款。关于拍卖办公楼所得价款的清偿顺序,下列哪一选项是正确的?②
  A. 银行贷款优先于税款
  B. 税款优先于银行贷款
  C. 罚款优先于税款
  D. 三种欠款同等受偿,拍卖所得不足时按比例清偿

367. 2014/1/70/多

某企业因计算错误,未缴税款累计达50万元。关于该税款的征收,下列哪些选项是正确的?③
  A. 税务机关可追征未缴的税款
  B. 税务机关可追征滞纳金
  C. 追征期可延长到5年

① ACD ② B ③ ABC

D. 追征时不受追征期的限制

368. 2013/1/70/多

甲公司欠税40万元,税务局要查封其相应价值产品。甲公司经理说:"乙公司欠我公司60万元货款,贵局不如行使代位权直接去乙公司收取现金。"该局遂通知乙公司缴纳甲公司的欠税,乙公司不配合;该局责令其限期缴纳,乙公司逾期未缴纳;该局随即采取了税收强制执行措施。关于税务局的行为,下列哪些选项是错误的?①

A. 只要甲公司欠税,乙公司又欠甲公司货款,该局就有权行使代位权
B. 如代位权成立,即使乙公司不配合,该局也有权直接向乙公司行使
C. 本案中,该局有权责令乙公司限期缴纳
D. 本案中,该局有权向乙公司采取税收强制执行措施

369. 2013/1/93/任

2012年12月,某公司对县税务局确定的企业所得税的应纳税所得额、应纳税额及在12月30日前缴清税款的要求极为不满,决定撤离该县,且不缴纳税款。县税务局得知后,责令该公司在12月15日前纳税。当该公司有转移生产设备的明显迹象时,县税务局责成其提供纳税担保。

就该公司与税务局的纳税争议,下列说法正确的是:②

A. 如该公司不提供纳税担保,经批准,税务局有权书面通知该公司开户银行从其存款中扣缴税款
B. 如该公司不提供纳税担保,经批准,税务局有权扣押、查封该公司价值相当于应纳税款的产品
C. 如该公司对应纳税额发生争议,应先依税务局的纳税决定缴纳税款,然后可申请行政复议,对复议决定不服的,可向法院起诉
D. 如该公司对税务局的税收保全措施不服,可申请行政复议,也可直接向法院起诉

370. 2008/1/21/单

李某是个人独资企业的业主。该企业因资金周转困难,到期不能缴纳税款。经申请,税务局批准其延期三个月缴纳。在此期间,税务局得知李某申请出国探亲,办理了签证并预订了机票。对此,税务局应采取下列哪一种处理方式?③

---

① ABCD ② BCD ③ A

A. 责令李某在出境前提供担保
B. 李某是在延期期间出境,无须采取任何措施
C. 告知李某:欠税人在延期期间一律不得出境
D. 直接通知出境管理机关阻止其出境

专题二十四 审计法

考点69 审计法

371. 2022 回忆/多

某省国有银行的贷款问题涉及处于两个地级市的企业。关于对该银行的审计,下列哪些说法是正确的?①
A. 由两市的审计局协商管辖
B. 由省审计厅指定一个市的审计局管辖
C. 审计机关应对该银行的内部审计进行监督
D. 审计机关应将审计报告和审计决定报送给本级政府

372. 2021 回忆/多

某电力公司将收取的居民电费存在员工陆某名下,后陆某挪用了居民电费并篡改了公司的会计账簿,导致众多居民利益受损。审计机关在对该公司进行审计时,有权采取哪些措施?②
A. 冻结该公司的银行账户
B. 查询该公司的银行账户
C. 查询员工陆某的银行账户
D. 封存该公司的会计账簿

373. 2017/1/31/单

某县开展扶贫资金专项调查,对申请财政贴息贷款的企业进行核查。审计中发现某企业申请了数百万元贴息贷款,但其生产规模并不需要这么多,遂要求当地农业银行、扶贫办和该企业提供贷款记录。对此,下列哪一说法是正确的?③
A. 只有审计署才能对当地农业银行的财政收支情况进行审计监督
B. 只有经银监机构同意,该县审计局才能对当地农业银行的财务收支进

① BC ② BCD ③ C

行审计监督

C. 该县审计局经上一级审计局副职领导批准,有权查询当地扶贫办在银行的账户

D. 申请财政贴息的该企业并非国有企业,故该县审计局无权对其进行审计调查

374. 2016/1/65/多

国家实行审计监督制度。为加强国家的审计监督,全国人大常委会于1994年通过了《审计法》,并于2006年进行了修正。关于审计监督制度,下列哪些理解是正确的?①

A. 《审计法》的制定与执行是在实施宪法的相关规定

B. 地方各级审计机关对本级人大常委会和上一级审计机关负责

C. 国务院各部门和地方各级政府的财政收支应当依法接受审计监督

D. 国有的金融机构和企业事业组织的财务收支应当依法接受审计监督

375. 2016/1/74/多

某县污水处理厂系扶贫项目,由地方财政投资数千万元,某公司负责建设。关于此项目的审计监督,下列哪些说法是正确的?②

A. 审计机关对该项目的预算执行情况和决算,进行审计监督

B. 审计机关经银监局局长批准,可冻结该项目在银行的存款

C. 审计组应在向审计机关报送审计报告后,向该公司征求对该报告的意见

D. 审计机关对该项目作出审计决定,而上级审计机关认为其违反国家规定的,可直接作出变更或撤销的决定

376. 2015/1/28/单

为大力发展交通,某市出资设立了某高速公路投资公司。该市审计局欲对其实施年度审计监督。关于审计事宜,下列哪一说法是正确的?③

A. 该公司既非政府机关也非事业单位,审计局无权审计

B. 审计局应在实施审计3日前,向该公司送达审计通知书

C. 审计局欲查询该公司在金融机构的账户,应经局长批准并委托该市法院查询

---

① ACD ② AD ③ B

D. 审计局欲检查该公司与财政收支有关的资料和资产,应委托该市税务局检查

377. 2009/1/69/多

下列哪些属于审计机关的审计监督范围?①
A. 国家的事业组织和使用财政资金的其他事业组织的财务支出
B. 国有金融机构和国有企业的资产、负债、损益
C. 政府投资的建设项目的财务收支
D. 国际组织贷款项目的财务收支

专题二十五　土地管理法

考点70　土地管理法

378. 2020 回忆/单

根据土地利用总体规划,某镇东部耕地被划定为蔬菜生产基地,关于该基地的耕地保护,下列哪一项说法是正确的?②
A. 经省政府批准,国家建设工程可占用该基地的部分耕地
B. 该基地内可挖塘养鱼
C. 该基地可在从事蔬菜生产的同时适当发展林果业
D. 镇政府应将该蔬菜生产基地的位置、范围信息向社会公告

379. 2014/1/72/多

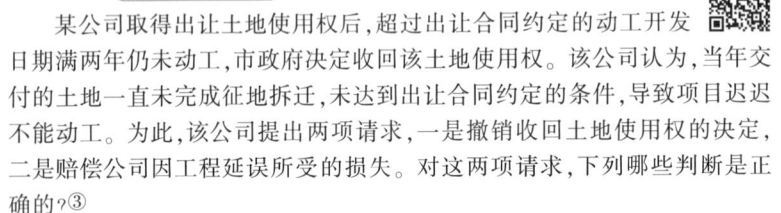

某公司取得出让土地使用权后,超过出让合同约定的动工开发日期满两年仍未动工,市政府决定收回该土地使用权。该公司认为,当年交付的土地一直未完成征地拆迁,未达到出让合同约定的条件,导致项目迟迟不能动工。为此,该公司提出两项请求,一是撤销收回土地使用权的决定,二是赔偿公司因工程延误所受的损失。对这两项请求,下列哪些判断是正确的?③
A. 第一项请求属于行政争议
B. 第二项请求属于民事争议
C. 第一项请求须先由县级以上政府处理,当事人不服的才可向法院起诉
D. 第二项请求须先由县级以上政府处理,当事人不服的才可向法院起诉

① ABD　② D　③ ABC

380. 2012/1/72/多

农户甲外出打工,将自己房屋及宅基地使用权一并转让给同村农户乙,5年后甲返回该村。关于甲返村后的住宅问题,下列哪些说法是错误的?①

A. 由于甲无一技之长,在外找不到工作,只能返乡务农。政府应再批给甲一处宅基地建房
B. 根据"一户一宅"的原则,甲作为本村村民应拥有自己的住房。政府应再批给甲一处宅基地建房
C. 由于农村土地具有保障功能,宅基地不得买卖,甲乙之间的转让合同无效。乙应返还房屋及宅基地使用权
D. 由于与乙的转让合同未经有关政府批准,转让合同无效。乙应返还房屋及宅基地使用权

381. 2011/1/70/多

某市政府在土地管理中的下列哪些行为违反了《土地管理法》的规定?②

A. 甲公司在市郊申请使用一片国有土地修建经营性墓地,市政府批准其以划拨方式取得土地使用权
B. 乙公司投标取得一块商品房开发用地的出让土地使用权,市政府同意其在房屋建成销售后缴纳土地出让金
C. 丙公司以出让方式在本市规划区取得一块工业用地,市国土局在未征得市规划局同意的情况下,将该土地的用途变更为住宅建设用地
D. 丁公司在城市规划区取得一块临时用地,使用已达6年,并在该处修建了永久性建筑,市政府未收回土地,还为该建筑发放了房屋产权证

382. 2010/1/75/多

关于国有土地,下列哪些说法是正确的?③

A. 国有土地可以是建设用地,也可以是农用地
B. 国有土地可以确定给单位使用,也可以确定给个人使用
C. 国有土地可以有偿使用,也可以无偿使用
D. 国有土地使用权可以有期限,也可以无期限

383. 2009/1/28/单

关于承包经营集体土地可以从事的生产活动,下列哪一选项符合

① ABCD ② ABCD ③ ABCD

《土地管理法》规定？①
  A. 种植业、林业
  B. 种植业、林业、畜牧业
  C. 种植业、林业、畜牧业、渔业
  D. 种植业、林业、畜牧业、渔业、农产品加工业

384． 2008/1/26/单
根据《土地管理法》的规定，关于土地权益的纠纷，下列哪一选项是错误的？②
  A. 村民甲与村卫生所发生土地使用权争议，协商不成可找乡政府处理，对乡政府处理决定不服还可向法院起诉
  B. 村民乙与邻居发生宅基地纠纷，应先向县土地主管部门申请行政调处，对调处决定不服的，可以土地主管部门为被告向法院提起行政诉讼
  C. 村民丙因土地承包经营权与村委会发生纠纷，协商调解不成可向农村土地承包仲裁机构申请仲裁，对仲裁决不服还可以向法院起诉
  D. 村民丁因擅自占地建房被县土地主管部门处罚，如对行政处罚决定不服可以向法院提起行政诉讼

专题二十六　城乡规划法

考点71　城乡规划法

385． 2019 回忆/单
某市环保公司按规划准备建设一个垃圾填埋场，欲申请划拨土地进行建设。其申请划拨土地的步骤，下列哪一选项是正确的？
①报有关部门审核建设项目；②向规划部门提出建设用地规划许可申请；③规划部门核发选址意见书；④规划部门核发建设用地规划许可证；⑤土地主管部门划拨土地。③
  A. ①②④⑤
  B. ③①②④⑤
  C. ②④①③⑤
  D. ②④⑤③①

386． 2017/1/95/任
某市混凝土公司新建临时搅拌站，在试运行期间通过暗管将污水

① C　② B　③ B

直接排放到周边,严重破坏当地环境。公司经理还指派员工潜入当地环境监测站内,用棉纱堵塞空气采集器,造成自动监测数据多次出现异常。有关部门对其处罚后,公司生产经营发生严重困难,拟裁员20人以上。

关于该临时搅拌站建设,下列说法正确的是:①
A. 如在该市规划区内进行建设的,应经市城管执法部门批准
B. 如该搅拌站影响该市近期建设规划的实施,有关部门不得批准
C. 如该搅拌站系未经批准进行临时建设的,由市政府责令限期拆除
D. 如该搅拌站超过批准时限不拆除的,由市城乡规划部门采取强制拆除措施

387. 2016/1/30/单

某镇拟编制并实施镇总体规划,根据《城乡规划法》的规定,下列哪一说法是正确的?②
A. 防灾减灾系镇总体规划的强制性内容之一
B. 在镇总体规划确定的建设用地范围以外,可设立经济开发区
C. 镇政府编制的镇总体规划,报上一级政府审批后,再经镇人大审议
D. 建设单位报批公共垃圾填埋场项目,应向国土部门申请核发选址意见书

388. 2014/1/30/单

某房地产公司开发一幢大楼,实际占用土地的面积超出其依法获得的出让土地使用权面积,实际建筑面积也超出了建设工程规划许可证规定的面积。关于对该公司的处罚,下列哪一选项是正确的?③
A. 只能由土地行政主管部门按非法占用土地予以处罚
B. 只能由城乡规划主管部门按违章建筑予以处罚
C. 根据一事不再罚原则,由当地政府确定其中一种予以处罚
D. 由土地行政主管部门、城乡规划主管部门分别予以处罚

389. 2013/1/30/单

某建设项目在市中心依法使用临时用地,并修建了临时建筑物,超过批准期限后仍未拆除。对此,下列哪一机关有权责令限期拆除?④
A. 市环保行政主管部门
B. 市土地行政主管部门

① B ② A ③ D ④ C

C. 市城乡规划行政主管部门

D. 市建设行政主管部门

390. `2011/1/71/多`

某镇政府正在编制本镇规划。根据《城乡规划法》,下列哪些建设项目应当在规划时予以优先安排?①

A. 镇政府办公楼、招待所

B. 供水、供电、道路、通信设施

C. 商业街、工业园、公园

D. 学校、幼儿园、卫生院、文化站

391. `2010/1/76/多`

村民王某创办的乡镇企业打算在村庄规划区内建设一间农产品加工厂,就有关审批手续向镇政府咨询。关于镇政府的答复,下列哪些选项符合《城乡规划法》规定?②

A. "你应当向镇政府提出申请,由镇政府报县政府城乡规划局核发乡村建设规划许可证。"

B. "你的加工厂使用的土地不能是农地。如确实需要占用农地,必须依照土地管理法的有关规定办理农地转用审批手续。"

C. "你必须先办理用地审批手续,然后才能办理乡村建设规划许可证。"

D. "你必须在规划批准后,严格按照规划条件进行建设,绝对不允许作任何变更。"

392. `2009/1/75/多`

根据《城乡规划法》规定,下列哪些选项属于城乡规划的种类?③

A. 城乡规划包括城镇体系规划、城市规划、镇规划、乡规划和村庄规划

B. 城市规划、镇规划分为总体规划和详细规划

C. 详细规划分为控制性详细规划和修建性详细规划

D. 修建性详细规划分为建设用地规划和建设工程规划

393. `2008/1/27/单`

关于城市规划区内以出让方式提供国有土地使用权,根据《城乡规划法》的规定,下列哪一选项是错误的?④

---

① BD ② AB ③ ABC ④ D

A. 出让前,城市人民政府城乡规划主管部门应当依据控制性详细规划,提出出让地块的位置、使用性质、开发强度等规划条件
B. 出让地块的规划条件,应当作为国有土地使用权出让合同的组成部分
C. 未确定规划条件的地块,不得出让国有土地使用权
D. 在签订国有土地使用权出让合同前,建设单位应当持建设项目的批准、核准、备案文件,向城市人民政府城乡规划主管部门领取建设用地规划许可证

专题二十七 城市房地产管理法

考点72 城市房地产管理法

394. 2019回忆/多

甲房地产开发公司从某市政府以出让方式获得一地块的土地使用权,进行商品房开发,楼盘建设过半投入约2亿元,甲房地产开发公司因资金链断裂无以为继,无奈将此土地使用权及地上建筑一并转给乙房地产开发公司。下列说法错误的是:①

A. 乙房地产开发公司获得土地使用权后需重新与某市政府签订土地使用权出让合同
B. 某市政府可向甲房地产开发公司收取不超过2亿元的土地闲置费
C. 乙房地产开发公司获得土地使用权后可经甲房地产开发公司同意改变土地用途
D. 甲房地产开发公司应缴纳全部的土地出让金并获得土地使用权证书,才可转让土地使用权

395. 2017/1/74/多

在加大房地产市场宏观调控的形势下,某市政府对该市房地产开发的管理现状进行检查,发现以下情况,其中哪些做法是需要纠正的?②

A. 房地产建设用地的供应,在充分利用现有建设用地的同时,放宽占用农用地和开发未利用地的条件
B. 土地使用权出让,符合土地利用总体规划、城市规划或年度建设用地计划之一即可
C. 预售商品房,要求开发商交清全部土地使用权出让金,取得土地使用

① ABC ② ABD

权证书,并持有建设工程规划许可证等
D. 采取税收减免等方面的优惠措施,鼓励房地产开发企业开发建设商业办公类住宅,方便市民改作居住用途

396. 2015/1/72/多
甲企业将其厂房及所占划拨土地一并转让给乙企业,乙企业依法签订了出让合同,土地用途为工业用地。5 年后,乙企业将其转让给丙企业,丙企业欲将用途改为商业开发。关于该不动产权利的转让,下列哪些说法是正确的?①
A. 甲向乙转让时应报经有批准权的政府审批
B. 乙向丙转让时,应已支付全部土地使用权出让金,并取得国有土地使用权证书
C. 丙受让时改变土地用途,须取得有关国土部门和规划部门的同意
D. 丙取得该土地及房屋时,其土地使用年限应重新计算

397. 2013/1/72/多
甲公司以出让方式取得某地块 50 年土地使用权,用于建造写字楼。土地使用权满 3 年时,甲公司将该地块的使用权转让给乙公司,但将该地块上已建成的一幢楼房留作自用。对此,下列哪些选项是正确的?②
A. 如该楼房已取得房屋所有权证,则甲公司可只转让整幅地块的使用权而不转让该楼房
B. 甲公司在土地使用权出让合同中载明的权利、义务应由乙公司整体承受
C. 乙公司若要改变原土地使用权出让合同约定的土地用途,取得原出让方的同意即可
D. 乙公司受让后,可以在其土地使用权的使用年限满 46 年之前申请续期

398. 甲房地产公司与乙国有工业公司签订《合作协议》,在乙公司原有的仓库用地上开发商品房。双方约定,共同成立"玫园置业有限公司"(以下简称"玫园公司")。甲公司投入开发资金,乙公司负责将该土地上原有的划拨土地使用权转变为出让土地使用权,然后将出让土地使用权作为出资投入玫园公司。

---
① ABC ② BD

刷题表	时 间	题号	一刷	二刷	题号	一刷	二刷	题号	一刷	二刷	题号	一刷	二刷

玫园公司与丙劳务派遣公司签订协议,由其派遣王某到玫园公司担任保洁员。不久,甲、乙产生纠纷,经营停顿。玫园公司以签订派遣协议时所依据的客观情况发生重大变化为由,将王某退回丙公司,丙公司遂以此为由解除王某的劳动合同。

请回答(1)~(3)题。

(1) 2012/1/92/任

关于该土地使用权由划拨转为出让,下列说法正确的是:①

A. 将划拨土地使用权转为出让土地使用权后再行转让属于土地投机,为法律所禁止

B. 乙公司应当先将划拨土地使用权转让给玫园公司,然后由后者向政府申请办理土地使用权出让合同

C. 该土地使用权由划拨转为出让,应当报有批准权的政府审批,经批准后方可办理土地使用权出让手续

D. 如乙公司取得该地块的出让土地使用权,则只能自己进行开发,不能与他人合作开发

(2) 2012/1/93/任

关于甲、乙双方签订的《合作协议》的性质,下列选项正确的是:②

A. 房地产开发合同

B. 房地产转让合同

C. 土地使用权转让合同

D. 国有资产合作经营合同

(3) 2012/1/94/任

开发期间,由于政府实施商品房限购政策,甲公司因其已开发项目滞销而陷于财务困境,致玫园公司经营陷于停顿,甲乙双方发生纠纷,乙公司主张合同无效。下列理由依法不能成立的是:③

A. 该合同为乙公司前任经理所签订,现该经理已被撤换

B. 签订合同时,该土地还是划拨土地使用权

C. 根据《合作协议》,乙公司仅享有玫园公司40%的股份,现在因该地段新建地铁导致地价上涨,乙公司所占股份偏低,属于国有资产流失

D. 乙公司无房地产开发资格,无权参与房地产开发

① C ② A ③ ABCD

399. `2011/1/72/多`

下列哪些机构属于房地产中介服务机构?①

A. 房地产咨询机构　　　　B. 房地产经纪机构
C. 房地产职业培训机构　　D. 房地产价格评估机构

400. 2010年1月,高某与某房地产开发公司签订了一份《预售商品房认购书》。《认购书》约定,公司为高某预留所选房号,双方于公司取得商品房预售许可证时正式签订商品房预售合同。《认购书》还约定,认购人于签订认购书时缴纳"保证金"一万元,该款于双方签订商品房预售合同时自动转为合同定金,如认购人接到公司通知后七日内不签订商品房预售合同,则该款不予退还。同年2月,高某接到公司已经取得商品房预售许可证的通知,立即前往公司签订了商品房预售合同,并当场缴纳了首期购房款80万元。同年5月,高某接到公司通知:房屋预售合同解除。经了解,该套房屋已经被公司以更高价格出售给第三人。双方发生争议。请回答第(1)~(3)题。

(1) `2010/1/95/任`

公司主张,双方在签订《预售商品房认购书》时,公司尚未取得商品房预售许可证,故该《认购书》无效,以此为基础订立的商品房预售合同也应无效。对此,下列判断正确的是:②

A. 法律规定,取得商品房预售许可证是商品房预售的必备条件之一
B. 《预售商品房认购书》不是商品房预售合同,不以取得商品房销售许可证为条件
C. 双方签订商品房预售合同时,公司已具备商品房预售的法定条件,该合同有效
D. 因施工进度及竣工交付日期变化的,房屋可另售他人

(2) `2010/1/96/任`

公司还主张,公司在解除商品房预售合同时,该合同尚未报区政府房地产管理局备案,故不受法律保护。对此,下列判断正确的是:③

A. 登记备案是商品房预售合同的法定生效要件,该合同未经登记备案不受法律保护
B. 登记备案是商品房预售人的法定义务,但不是合同的生效条件,该合同应受法律保护

---

① ABD　② ABC　③ B

C. 登记备案是商品房预售合同当事人的权利,未登记备案不影响该合同的效力
D. 商品房预售合同无需登记备案,当事人在房屋交付时办理产权登记即可

(3) 2010/1/97/任

经双方协商,高某同意解除商品房预售合同。但在款项支付问题上,双方发生分歧。高某要求返还80万元首期房款本息并双倍返还定金。公司主张只退还80万元首期房款和一万元"保证金"。对此,下列判断正确的是:①

A. 商品房预售合同无约束力,只能按公司的意见办理退款
B. 商品房预售合同有效,但《预售商品房认购书》无效,故应按公司的意见办理退款
C. 《预售商品房认购书》和商品房预售合同均有效,应该支持高某的主张
D. 开发商违约,高某有权请求赔偿损失

401. 2009/1/76/多

关于以划拨方式取得土地使用权的房地产转让时适用的《房地产管理法》特殊规定,下列哪些表述是正确的?②

A. 应当按照国务院规定,报有批准权的人民政府审批
B. 有批准权的人民政府准予转让的,可以决定由受让方办理土地使用权出让手续,也可以允许其不办理土地使用权出让手续
C. 办理土地使用权出让手续的,受让方应缴纳土地使用权出让金
D. 不办理土地使用权出让手续的,受让方应缴纳土地使用权转让费,转让方应当按规定将转让房地产所获收益中的土地收益上缴国家

专题二十八 不动产登记

考点73 不动产登记暂行条例

402. 2020 回忆/多

关于不动产登记程序,下列哪些判断符合《不动产登记暂行条例》的规定?③

---

① CD ② ABC ③ ABCD

A. 因买卖、设定抵押权等申请不动产登记的,应当由当事人双方共同申请
B. 继承、接受遗赠取得不动产权利的,可以由当事人单方申请
C. 若不动产申请存在尚未解决的权属争议的,不动产登记机构应当不予登记
D. 对在建建筑物办理抵押权登记的,不动产登记机构可以对申请登记的不动产进行实地查看

403. 2015/1/29/单

申请不动产登记时,下列哪一情形应由当事人双方共同申请?①
A. 赵某放弃不动产权利,申请注销登记
B. 钱某接受不动产遗赠,申请转移登记
C. 孙某将房屋抵押给银行以获得贷款,申请抵押登记
D. 李某认为登记于周某名下的房屋为自己所有,申请更正登记

---

① C

刷题表	时　间	题号	一刷	二刷	题号	一刷	二刷	题号	一刷	二刷	题号	一刷	二刷

环境资源法

扫一扫,"码"上做题

微信扫码,即可线上做题、看解析。
多种做题模式:章节自测、单科集训、随机演练等。

专题二十九　环境保护法

考点74　环境影响评价法

404. 〖2021 回忆/单〗

某商场的承建商组织编制了环境影响报告书并获得批准。由于商场建设资金一直未到位,6年后才落实资金准备开工。关于开工的环境影响评价文件,下列哪一说法是正确的?①

A. 按照先前编制的环境影响报告书实施即可
B. 开工时需要补充填报环境影响登记表
C. 环境影响报告书应报原审批部门重新审核
D. 应组织环境影响的后评价,并报原审批部门备案

405. 〖2019 回忆/多〗

通城公司在甲省承包一条高速公路的修建工程,该高速公路横跨甲、乙两省,环境影响评价文件已经审批。在准备开工时,通城公司发现该公路需要延长到丙省。关于该公司的环评文件报批的相关事宜,下列说法正确的是:②

A. 该公路的环境影响评价文件应由丙省的生态环境主管部门审批
B. 在原环境影响评价文件上作相应补充,由丙省的生态环境主管部门审批
C. 未经生态环境主管部门审批环评文件,该公路不得开工建设
D. 应对此公路项目重新进行环境影响评价

① C　② CD

刷题表	时间	题号	一刷	二刷	题号	一刷	二刷	题号	一刷	二刷	题号	一刷	二刷

406． 2016/1/31/单

某采石场扩建项目的环境影响报告书获批后,采用的爆破技术发生重大变动,其所生粉尘将导致周边居民的农作物受损。关于此事,下列哪一说法是正确的?①

A. 建设单位应重新报批该采石场的环境影响报告书
B. 建设单位应组织环境影响的后评价,并报原审批部门批准
C. 该采石场的环境影响评价,应当与规划的环境影响评价完全相同
D. 居民将来主张该采石场承担停止侵害的侵权责任,受3年诉讼时效的限制

407． 2014/1/31/单

某省A市和B市分别位于同一河流的上下游。A市欲建农药厂。在环境影响评价书报批时,B市环境保护行政主管部门认为该厂对本市影响很大,对该环境影响评价结论提出异议。在此情况下,该环境影响评价书应当由下列哪一部门审批?②

A. 省政府发改委　　　　　B. 省人大常委会
C. 省农药生产行政监管部门　D. 省环境保护行政主管部门

408． 2010/1/77/多

我国对建设项目的环境影响评价实行分类管理制度。根据《环境影响评价法》的规定,下列哪些说法是正确的?③

A. 可能造成重大环境影响的建设项目,应当编制环境影响报告书,对产生的环境影响进行全面评价
B. 可能造成轻度环境影响的建设项目,应当编制环境影响报告表,对产生的环境影响进行分析或者专项评价
C. 环境影响很小的建设项目,不需要进行环境影响评价,无需填报环境影响评价文件
D. 环境影响报告书和环境影响报告表,应当由具有相应资质的机构编制

考点75 环境保护法

(一)环境保护的基本制度

409． 2017/1/96/任

某市混凝土公司新建临时搅拌站,在试运行期间通过暗管将污水

---

① A　② D　③ AB(原答案为ABD)

・140・

| 刷题表 | 时间 | 题号 | 一刷 | 二刷 | 题号 | 一刷 | 二刷 | 题号 | 一刷 | 二刷 | 题号 | 一刷 | 二刷 |

直接排放到周边,严重破坏当地环境。公司经理还指派员工潜入当地环境监测站内,用棉纱堵塞空气采集器,造成自动监测数据多次出现异常。有关部门对其处罚后,公司生产经营发生严重困难,拟裁员 20 人以上。

关于该公司的行为,下列说法正确的是:①

A. 如该公司应报批而未报批该搅拌站的环评文件,不得在缴纳罚款后再向审批部门补报
B. 该公司将防治污染的设施与该搅拌站同时正式投产使用前,可在搅拌站试运行期间停运治污设施
C. 该公司的行为受到罚款处罚时,可由市环保部门自该处罚之日的次日起,按照处罚数额按日连续处罚
D. 针对该公司逃避监管的违法行为,市环保部门可先行拘留责任人员,再将案件移送公安机关

410. 2015/1/31/单

关于我国生态保护制度,下列哪一表述是正确的?②

A. 国家只在重点生态功能区划定生态保护红线
B. 国家应积极引进外来物种以丰富我国生物的多样性
C. 国家应加大对生态保护地区的财政转移支付力度
D. 国家应指令受益地区对生态保护地区给予生态保护补偿

411. 2015/1/73/多

某市政府接到省环境保护主管部门的通知:暂停审批该市新增重点污染物排放总量的建设项目环境影响评价文件。下列哪些情况可导致此次暂停审批?③

A. 未完成国家确定的环境质量目标
B. 超过国家重点污染物排放总量控制指标
C. 当地环境保护主管部门对重点污染物监管不力
D. 当地重点排污单位未按照国家有关规定和监测规范安装使用监测设备

412. 2014/1/73/多

关于环境质量标准和污染物排放标准,下列哪些说法是正确的?④

① A ② C ③ AB ④ ABC

A. 国家环境质量标准是制定国家污染物排放标准的根据之一
B. 国家污染物排放标准由国务院环境保护行政主管部门制定
C. 国家环境质量标准中未作规定的项目,省级政府可制定地方环境质量标准,并报国务院环境保护行政主管部门备案
D. 地方污染物排放标准由省级环境保护行政主管部门制定,报省级政府备案

413. 2010/1/28/多

根据《环境保护法》规定,关于污染物排放标准,下列哪些说法是错误的?①

A. 省级地方政府对国家污染物排放标准中已作规定和未作规定的项目,都可以制定地方污染物排放标准
B. 对国家污染物排放标准中已作规定的项目,在制定地方污染物排放标准时,可以因地制宜,严于或宽于国家污染物排放标准
C. 地方污染物排放标准须报国务院环境保护行政主管部门备案
D. 凡是向已有地方污染物排放标准的区域排放污染物的,应当执行地方污染物排放标准

414. 2009/1/77/多

根据《环境保护法》规定,下列哪些选项属于农业环境保护的措施?②

A. 防治土地沙化、盐渍化、贫瘠化、沼泽化
B. 防治植被破坏、水土流失、水源枯竭
C. 推广植物病虫害的综合防治
D. 合理使用化肥、农药及植物生长激素

(二)环境法律责任

415. 2023 回忆/多

张某在鱼塘养殖鱼苗,附近绿叶公司排放的污水导致鱼苗大量死亡。绿叶公司已依法取得排污许可证,且经当地环境主管部门多次检测,其排放的污水均符合有关标准。对此,下列哪些说法是正确的?③

A. 张某应在 3 年内向绿叶公司提起侵权之诉

---

① BD(原答案为 B)。原为单选题,根据新法答案有变化,调整为多选题 ② ABCD
③ AB

B. 绿叶公司应当承担赔偿责任
C. 可以从绿叶公司缴纳的排污费中划转相应款项赔付给张某
D. 当地环境主管部门可对绿叶公司采取行政强制措施

416. 2019 回忆/多

清水河流经某省甲、乙两个城市,位于上游甲市的某化工厂非法排放污水,污染了整个清水河,甲、乙两市的沿河土地和百姓深受其害,甲市环保联合会遂对该化工厂向甲市法院提起了环境侵权公益诉讼。现乙市的环保公益组织欲向乙市法院提起环境侵权公益诉讼,下列相关说法正确的是:①

A. 提起公益诉讼的环保组织应在设区的市级以上民政部门登记
B. 甲、乙两市的法院可以分别受理相应案件
C. 由甲市法院管辖本案
D. 如果法院对公益诉讼作出裁决后,受害个人不能再针对此污染行为提起侵权诉讼

417. 2015/1/30/单

某省天洋市滨海区一石油企业位于海边的油库爆炸,泄漏的石油严重污染了近海生态环境。下列哪一主体有权提起公益诉讼(其中所列组织均专门从事环境保护公益活动连续5年以上且无违法记录)?②

A. 受损海产养殖户推选的代表赵某
B. 依法在滨海区民政局登记的"海蓝志愿者"组织
C. 依法在邻省的省民政厅登记的环境保护基金会
D. 在国外设立但未在我国民政部门登记的"海洋之友"团体

418. 2015/1/74/多

某化工厂排放的污水会影响鱼类生长,但其串通某环境影响评价机构获得虚假环评文件从而得以建设。该厂后来又串通某污水处理设施维护机构,使其污水处理设施虚假显示从而逃避监管。该厂长期排污致使周边水域的养殖鱼类大量死亡。面对养殖户的投诉,当地环境保护主管部门一直未采取任何查处措施。对于养殖户的赔偿请求,下列哪些单位应承担连带责任?③

A. 化工厂

① AC ② C ③ ABC

B. 环境影响评价机构

C. 污水处理设施维护机构

D. 当地环境保护主管部门

419. 2013/1/73/多

因连降大雨,某厂设计流量较小的排污渠之污水溢出,流入张某承包的鱼塘,致鱼大量死亡。张某诉至法院,要求该厂赔偿。该厂提出的下列哪些抗辩事由是依法不能成立的?①

A. 本市环保主管部门证明,我厂排污从未超过国家及地方排污标准

B. 天降大雨属于不可抗力,依法应予免责

C. 经有关机构鉴定,死鱼是全市最近大规模爆发的水生动物疫病所致

D. 张某鱼塘地势低洼,未对污水流入采取防范措施,其损失咎由自取

420. 2012/1/73/多

甲化工厂和乙造纸厂排放污水,造成某村农作物减产。当地环境主管部门检测认定,甲排污中的有机物超标3倍,是农作物减产的原因,乙排污未超标,但其中的悬浮物仍对农作物减产有一定影响。关于甲、乙厂应承担的法律责任,下列哪些选项是正确的?②

A. 甲厂应对该村损失承担赔偿责任

B. 乙厂应对该村损失承担赔偿责任

C. 环境主管部门有权追究甲厂的行政责任

D. 环境主管部门有权追究乙厂的行政责任

421. 2008/1/28/单

由于某化工厂长期排污,该厂周边方圆一公里内的庄稼蔬菜生长不良、有害物质含量超标,河塘鱼类无法繁衍,该地域内三个村庄几年来多人患有罕见的严重疾病。根据《环境保护法》的规定,下列哪一选项是错误的?③

A. 受害的三个村的村委会和受害村民有权对该厂提起民事诉讼

B. 因环境污染引起的民事诉讼的时效为3年

C. 环境污染民事责任的归责原则实行公平责任原则

D. 环境污染致害的因果关系证明,受害方不负举证责任

① ABD ② ABC ③ C

专题三十　森林法

考点 76　森林法

422． （2022 回忆/单）
甲县乙乡某村民打算将自己承包的集体林地里的枣树砍掉,改种樱桃树。关于其申请林木采伐许可证,下列哪一说法是正确的?①

A. 无需申请林木采伐许可证
B. 甲县林业局可委托乙乡政府颁发采伐许可证
C. 如甲县今年采伐限额已满,则明年自动取得采伐许可证
D. 如同村其他村民有采伐许可证,该村民可以租用

423． （2019 回忆/单）
甲公司经营困难,以其所有的经济林地使用权和林木入股乙公司,同时将已取得的《林木采伐许可证》转让给乙公司。后乙公司得知,甲公司以其经济林地使用权向某商业银行抵押贷款尚未归还,乙公司与甲公司发生争议,要求甲公司尽快解除抵押。以下说法正确的是:②

A. 在争议期间,乙公司可以砍伐经济林地上的林木
B. 乙公司与甲公司的争议可请县政府解决
C. 乙公司可以直接向法院起诉
D. 乙公司可以将经济林地变更为建设用地

424． （2019 回忆/单）
某学校为更新校园园林景观,需要采伐校园现有树木,栽种新的树木,向当地林业局申请采伐许可证。许可证上注明采伐树木10棵,而该学校采伐树木20棵。针对该学校的行为,下列说法正确的是:③

A. 该学校可以要求林业局补种10棵相同树木,学校承担相应费用
B. 林业局可以要求该学校补种10棵相同树木,并且处罚该学校额外补种30棵相同树木
C. 林业局可以对该学校罚款1万,并责令次年内补种10棵相同树木
D. 该学校申请采伐许可证,需要同时提交有关采伐的地点、林种、树种、面积、蓄积、方式、更新措施和林木权属等内容的材料

---

① B　② B　③ D

425. 2018 回忆/单

某市林业局与规划局正在编制当地林业远期发展规划,下列说法正确的是:①

A. 林业发展规划不是建设规划,无需进行环境影响评价
B. 应在林业发展规划编制过程中组织环境影响评价,编写有关环境影响的篇章或说明
C. 林业发展规划属于专门性规划,草案上报审批前应进行环境影响评价,并向审批机关提出环境影响报告书
D. 为了促进林业发展规划的审批,应明确环境保护林的对外转让价,并征求公众意见

专题三十一 矿产资源法

考点77 矿产资源法

426. 2021 回忆/单

某省发现一大型稀土矿,某矿业公司获准开采。该公司开采时发现部分地域还有伴生的放射性矿产。关于开采这些矿产资源的审批,下列哪一说法是正确的?②

A. 均应取得国务院有关主管部门的审批
B. 均应取得该省有关主管部门的审批
C. 开采稀土矿应取得国务院地质矿产主管部门的审批,开采放射性矿产应取得该省有关主管部门的审批
D. 开采稀土矿应取得该省有关主管部门的审批,开采放射性矿产应取得国务院地质矿产主管部门的审批

427. 2021 回忆/多

钨矿为国家保护性开采的矿种。某公司经批准经营一处大型钨矿山,从事钨矿开采冶炼业务。赵某原为该公司工程师,离职后在矿区边的铁路旁开了一家建材店。赵某离职后从事的下列开采行为哪些是违法的?③

A. 在矿区内开采零星分散的钨矿
B. 在矿区外开采零星分散的钨矿
C. 在矿区外开采只能用作普通建筑材料的砂、石

① C ② A ③ ABD

D. 在铁路旁开采只能用作普通建筑材料的砂、石

428． 2020 回忆/任

甲村发现储量可观的油田,乙公司经批准获得了探矿权并对位于甲村的油田进行勘查。后乙公司获得了该油田的采矿权,2020 年 5 月乙公司被丙公司收购。下列有关说法正确的是:①

A. 在甲村发现的油田归甲村集体经济组织所有

B. 要开采在甲村发现的油田需经甲村 2/3 以上的村民同意

C. 乙公司有权优先取得勘查作业区内油田的采矿权

D. 丙公司经批准可以获得该油田的采矿权

429． 2018 回忆/多

甲公司与乙公司签署《合作协议》,约定双方合作对某县山区进行铁矿资源勘探,由此所获得的收益由双方平分。对此,下列说法正确的是:②

A. 甲公司和乙公司勘探铁矿资源需要县政府审批

B. 由于矿区位于城乡接合部,地面部分归集体所有,地下资源归甲公司和乙公司所有

C. 甲公司和乙公司完成勘探后,有权优先获得勘查作业区内铁矿资源的采矿权

D. 甲公司和乙公司在勘查中,完成最低的勘查投入后,经依法批准,可将探矿权转让

① CD ② CD

劳动与社会保障法

扫一扫,"码"上做题　微信扫码,即可线上做题、看解析。多种做题模式:章节自测、单科集训、随机演练等。

专题三十二　劳动合同法

考点78　劳动合同

430. 〖2023 回忆/单〗

贾某兼职做外卖骑手,与某互联网平台公司在线订立了《网约配送协议》,协议载明:贾某同意按照平台发送的配送信息自主选择接受服务订单,接单后及时完成配送,服务费按照平台统一标准按单结算。从事餐饮外卖配送业务期间,公司未对其上线接单时间、接单量提出要求,也未对其配送行为提出要求。贾某每周送外卖最多3天、每天送外卖1~3小时不等。该平台公司会在规定区域内随机安排订单,骑手们登录专用的APP抢订单送餐。出现配送超时、客户差评等情形时,平台公司核实情况后按照统一标准扣减服务费。关于贾某与该平台公司之间的关系,下列哪一选项是正确的?①

A. 非全日制合同　　　　B. 劳动合同
C. 劳务合同　　　　　　D. 劳务派遣合同

431. 〖2022 回忆/单〗

2020年1月8日,雄飞公司与张某签订为期1年的劳动合同,张某负责撰写《雄飞公司发展史》。同年12月8日,张某外出旅游受伤,按规定享受了医疗期3个月。2021年6月8日,张某向雄飞公司交付该书稿。关于该劳动合同期满的时间,下列哪一选项是正确的?②

A. 2020年12月8日　　B. 2021年1月8日
C. 2021年3月8日　　　D. 2021年6月8日

① C　② C

| 刷题表 | 时 间 | 题号 | 一刷 | 二刷 | 题号 | 一刷 | 二刷 | 题号 | 一刷 | 二刷 | 题号 | 一刷 | 二刷 |

432． 2021 回忆/多

某公司与公司工会经平等协商签订了一份集体合同。关于该集体合同,下列哪些说法是正确的?①

A. 集体合同约定劳动者每个月加班 2 天,年休假多放 5 天
B. 集体合同经双方代表签字后,还需由公司与工会签订专门协议才能生效
C. 如因履行集体合同发生争议,经双方协商不成,公司工会可申请仲裁
D. 集体合同报送劳动行政部门后,劳动行政部门 15 日内未提出异议就生效

433． 2017/1/72/多

农民姚某于 2016 年 3 月 8 日进入红海公司工作,双方未签订书面劳动合同,红海公司也未给姚某缴纳基本养老保险,姚某向社保机构缴纳了基本养老保险费。同年 12 月 8 日,姚某以红海公司未为其缴纳社会保险为由申请辞职。经查,姚某的工资属于所在地最低工资标准额。关于此事,下列哪些说法是正确的?②

A. 姚某自 2016 年 3 月 8 日起即与红海公司建立劳动关系
B. 红海公司自 2016 年 4 月 8 日起,应向姚某每月支付两倍的工资
C. 姚某应参加新型农村社会养老保险,而不应参加基本养老保险
D. 姚某就红海公司未缴养老保险费而发生争议的,可要求社保行政部门或社保费征收机构处理

434． 2017/1/73/多

关于集体劳动合同,根据《劳动合同法》,下列哪些说法是正确的?③

A. 甲公司尚未建立工会时,经其 2/3 以上的职工推举的代表,可直接与公司订立集体合同
B. 乙公司系建筑企业,其订立的行业性集体合同,报劳动行政部门备案后即行生效
C. 丙公司依法订立的集体合同,对全体劳动者,不论是否为工会会员,均适用
D. 因履行集体合同发生争议,丁公司工会与公司协商不成时,工会可依

① CD ② ABD ③ CD

法申请仲裁、提起诉讼

435． 2017/1/97/任

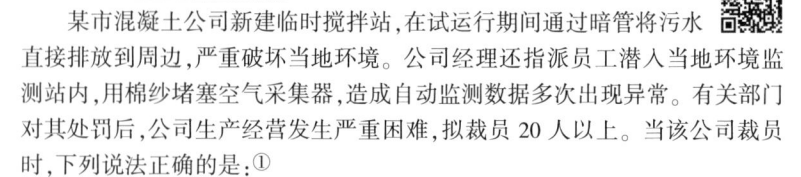

某市混凝土公司新建临时搅拌站,在试运行期间通过暗管将污水直接排放到周边,严重破坏当地环境。公司经理还指派员工潜入当地环境监测站内,用棉纱堵塞空气采集器,造成自动监测数据多次出现异常。有关部门对其处罚后,公司生产经营发生严重困难,拟裁员 20 人以上。当该公司裁员时,下列说法正确的是:①

A. 无须向劳动者支付经济补偿金
B. 应优先留用与本公司订立无固定期限劳动合同的职工
C. 不得裁减在该公司连续工作满 15 年的女职工
D. 不得裁减非因公负伤且在规定医疗期内的劳动者

436． 王某,女,1990 年出生,于 2012 年 2 月 1 日入职某公司,从事后勤工作,双方口头约定每月工资为人民币 3000 元,试用期 1 个月。2012 年 6 月 30 日,王某因无法胜任经常性的夜间高处作业而提出离职,经公司同意,双方办理了工资结算手续,并于同日解除了劳动关系。同年 8 月,王某以双方未签书面劳动合同为由,向当地劳动争议仲裁委申请仲裁,要求公司再支付工资 12000 元。

请回答第(1)~(3)题。

(1) 2016/1/95/任

关于女工权益,根据《劳动法》,下列说法正确的是:②

A. 公司应定期安排王某进行健康检查
B. 公司不能安排王某在经期从事高处作业
C. 若王某怀孕 6 个月以上,公司不得安排夜班劳动
D. 若王某在哺乳婴儿期间,公司不得安排夜班劳动

(2) 2016/1/96/任

关于该劳动合同的订立与解除,下列说法正确的是:③

A. 王某与公司之间视作已订立无固定期限劳动合同
B. 该劳动合同期限自 2012 年 3 月 1 日起算
C. 该公司应向王某支付半个月工资的经济补偿金
D. 如王某不能胜任且经培训仍不能胜任工作,公司提前 30 日以书面形

① BD ② B ③ D

式通知王某,可将其辞退

(3) 2016/1/97/任

如当地月最低工资标准为 1500 元,关于该仲裁,下列说法正确的是:①

A. 王某可直接向劳动争议仲裁委申请仲裁
B. 如王某对该仲裁裁决不服,可向法院起诉
C. 如公司对该仲裁裁决不服,可向法院起诉
D. 如公司有相关证据证明仲裁裁决程序违法时,可向有关法院申请撤销裁决

437. 2015/1/70/多

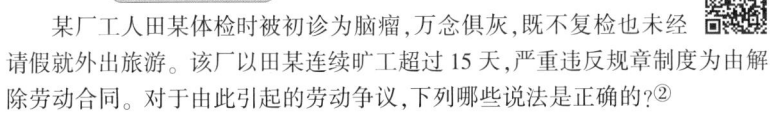

某厂工人田某体检时被初诊为脑瘤,万念俱灰,既不复检也未经请假就外出旅游。该厂以田某连续旷工超过 15 天,严重违反规章制度为由解除劳动合同。对于由此引起的劳动争议,下列哪些说法是正确的?②

A. 该厂单方解除劳动合同,应事先将理由通知工会
B. 因田某严重违反规章制度,无论是否在规定的医疗期内该厂均有权解除劳动合同
C. 如该厂解除劳动合同的理由成立,无需向田某支付经济补偿金
D. 如该厂解除劳动合同的理由违法,田某有权要求继续履行劳动合同并主张经济补偿金 2 倍的赔偿金

438. 李某原在甲公司就职,适用不定时工作制。2012 年 1 月,因甲公司被乙公司兼并,李某成为乙公司职工,继续适用不定时工作制。2012 年 12 月,由于李某在年度绩效考核中得分最低,乙公司根据公司绩效考核制度中"末位淘汰"的规定,决定终止与李某的劳动关系。李某于 2013 年 11 月提出劳动争议仲裁申请,主张:原劳动合同于 2012 年 3 月到期后,乙公司一直未与本人签订新的书面劳动合同,应从 4 月起每月支付二倍的工资;公司终止合同违法,应恢复本人的工作。

请回答第(1)~(3)题:

(1) 2014/1/87/任

关于乙公司兼并甲公司时李某的劳动合同及工作年限,下列选项正确的是:③

---

① ABD ② ABC ③ ABCD

A. 甲公司与李某的原劳动合同继续有效,由乙公司继续履行
B. 如原劳动合同继续履行,在甲公司的工作年限合并计算为乙公司的工作年限
C. 甲公司还可与李某经协商一致解除其劳动合同,由乙公司新签劳动合同替代原劳动合同
D. 如解除原劳动合同时甲公司已支付经济补偿,乙公司在依法解除或终止劳动合同计算支付经济补偿金的工作年限时,不再计算在甲公司的工作年限

(2) **2014/1/89/任**

关于恢复用工的仲裁请求,下列选项正确的是:①
A. 李某是不定时工作制的劳动者,该公司有权对其随时终止用工
B. 李某不是非全日制用工的劳动者,该公司无权对其随时终止用工
C. 根据该公司末位淘汰的规定,劳动合同应当终止
D. 该公司末位淘汰的规定违法,劳动合同终止违法

(3) **2014/1/90/任**

如李某放弃请求恢复工作而要求其他补救,下列选项正确的是:②
A. 李某可主张公司违法终止劳动合同,要求支付赔偿金
B. 李某可主张公司规章制度违法损害劳动者权益,要求即时辞职及支付经济补偿金
C. 李某可同时获得违法终止劳动合同的赔偿金和即时辞职的经济补偿金
D. 违法终止劳动合同的赔偿金的数额多于即时辞职的经济补偿金

439. 某公司聘用首次就业的王某,口头约定劳动合同期限2年,试用期3个月,月工资1200元,试用期满后1500元。

2012年7月1日起,王某上班,不久即与同事李某确立恋爱关系。9月,由经理办公会讨论决定并征得工会主席同意,公司公布施行《工作纪律规定》,要求同事不得有恋爱或婚姻关系,否则一方必须离开公司。公司据此解除王某的劳动合同。

经查明,当地月最低工资标准为1000元,公司与王某一直未签订书面劳动合同,但为王某买了失业保险。

---

① BD ② ABD

请回答第(1)、(2)题：

(1) 2013/1/94/任

关于双方约定的劳动合同内容，下列符合法律规定的说法是：①
A. 试用期超过法定期限
B. 试用期工资符合法律规定
C. 8月1日起，公司未与王某订立书面劳动合同，应每月付其两倍的工资
D. 8月1日起，如王某拒不与公司订立书面劳动合同，公司有权终止其劳动关系，且无需支付经济补偿

(2) 2013/1/95/任

关于该《工作纪律规定》，下列说法正确的是：②
A. 制定程序违法
B. 有关婚恋的规定违法
C. 依据该规定解除王某的劳动合同违法
D. 该公司执行该规定给王某造成损害的，应承担赔偿责任

440. 2011/1/68/多

某公司从事出口加工，有职工500人。因国际金融危机影响，订单锐减陷入困境，拟裁减职工25人。公司决定公布后，职工提出异议。下列哪些说法缺乏法律依据？③

A. 职工甲：公司裁减决定没有经过职工代表大会批准，无效
B. 职工乙：公司没有进入破产程序，不能裁员
C. 职工丙：我一家4口，有70岁老母10岁女儿，全家就我有工作，公司不能裁减我
D. 职工丁：我在公司销售部门曾连续3年评为优秀，对公司贡献大，公司不能裁减我

441. 邓某系K制药公司技术主管。2008年2月，邓某私自接受Y制药公司聘请担任其技术顾问。5月，K公司得知后质问邓某。邓某表示自愿退出K公司，并承诺5年内不以任何直接或间接方式在任何一家制药公司任职或提供服务，否则将向K公司支付50万元违约金。2009年，K公司发现邓某已担任Y公司的副总经理，并持有Y公司20%股份，而且Y公司新产品已采

① ABC ② ABCD ③ ABD

用 K 公司研发的配方。K 公司以 Y 公司和邓某为被告提起侵犯商业秘密的诉讼。请回答第(1)、(2)题。

(1) 2011/1/95/任

关于 Y 公司和邓某的行为,下列说法正确的是:①

A. Y 公司的行为构成侵犯他人商业秘密
B. 邓某的行为构成侵犯他人商业秘密
C. Y 公司的行为构成违反竞业禁止义务
D. 邓某的行为构成违反竞业禁止义务

(2) 2011/1/96/任

案件审理期间邓某提出,本案纠纷起因于自己与 K 公司的劳动关系,应属劳动争议案件,故 K 公司应向劳动争议仲裁机构提起仲裁申请,遂请求法院裁定驳回起诉。关于该主张,下列说法正确的是:②

A. 侵犯商业秘密本质上属于侵权,违反竞业禁止本质上属于违约
B. 本案存在法律关系竞合,K 公司有选择权
C. 劳动关系优先于商事关系
D. 邓某的主张应予支持

442. 2010/1/27/单

关于非全日制用工的说法,下列哪一选项不符合《劳动合同法》规定?③

A. 从事非全日制用工的劳动者与多个用人单位订立劳动合同的,后订立的合同不得影响先订立合同的履行
B. 非全日制用工合同不得约定试用期
C. 非全日制用工终止时,用人单位应当向劳动者支付经济补偿
D. 非全日制用工劳动报酬结算支付周期最长不得超过十五日

443. 2009/1/71/多

2009 年 2 月,下列人员向所在单位提出订立无固定期限劳动合同,哪些人具备法定条件?④

A. 赵女士于 1995 年 1 月到某公司工作,1999 年 2 月辞职,2002 年 1 月回到该公司工作
B. 钱先生于 1985 年进入某国有企业工作。2006 年 3 月,该企业改制成

---

① ABD ② AB ③ C ④ BD(原答案为 BCD)

为私人控股的有限责任公司,年满50岁的钱先生与公司签定了三年期的劳动合同

C. 孙女士于2000年2月进入某公司担任技术开发工作,签定了为期三年、到期自动续期三年且续期次数不限的劳动合同。2009年1月,公司将孙女士提升为技术部副经理

D. 李先生原为甲公司的资深业务员,于2008年2月被乙公司聘请担任市场开发经理,约定:先签定一年期合同,如果李先生于期满时提出请求,可以与公司签定无固定期限劳动合同

444. 2008/1/70/多

关于当事人订立无固定期限劳动合同,下列哪些选项是符合法律规定的?①

A. 赵某到某公司应聘,提议在双方协商一致的基础上订立无固定期限劳动合同

B. 王某在某公司连续工作满十年,要求与该公司签订无固定期限劳动合同

C. 李某在某国有企业连续工作满十年,距法定退休年龄还有十二年,在该企业改制重新订立劳动合同时,主张企业有义务与自己订立无固定期限劳动合同

D. 杨某在与某公司连续订立的第二次固定期限劳动合同到期,公司提出续订时,杨某要求与该公司签订无固定期限劳动合同

考点79 劳务派遣

445. 2021回忆/多

甲公司派遣职工严某到乙公司工作。甲公司提前30天通知严某,由于与乙公司之间的劳务派遣协议即将到期,要求严某与其推荐的丙劳务公司签订劳动合同,或者双方协商解除劳动合同,但均被严某拒绝。30天后,甲公司解除了与严某的劳动合同。严某认为甲公司单方解除劳动合同违法,申请仲裁,要求甲公司支付赔偿金。对此,下列哪些说法是不正确的?②

A. 甲公司有权解除劳动合同,但应支付经济补偿金

B. 甲公司解除劳动合同违法,但若其愿意继续履行原劳动合同,则无需支付赔偿金

---

① ABD ② ABD

C. 若应支付赔偿金,应由甲公司承担
D. 若应支付赔偿金,乙公司应承担连带责任

446． 2015/1/71/多

友田劳务派遣公司(住所地为甲区)将李某派遣至金科公司(住所地为乙区)工作。在金科公司按劳务派遣协议向友田公司支付所有费用后,友田公司从李某的首月工资中扣减了500元,李某提出异议。对此争议,下列哪些说法是正确的?①

A. 友田公司作出扣减工资的决定,应就其行为的合法性负举证责任
B. 如此案提交劳动争议仲裁,当事人一方对仲裁裁决不服的,有权向法院起诉
C. 李某既可向甲区也可向乙区的劳动争议仲裁机构申请仲裁
D. 对于友田公司给李某造成的损害,友田公司和金科公司应承担连带责任

447． 2013/1/71/多

甲公司与梁某签订劳动合同后,与乙公司签订劳务派遣协议,派梁某到乙公司做车间主任,派遣期3个月。2012年1月至2013年7月,双方已连续6次续签协议,梁某一直在乙公司工作。2013年6月,梁某因追索上一年加班费与乙公司发生争议,申请劳动仲裁。下列哪些选项是正确的?②

A. 乙公司是在辅助性工作岗位上使用梁某,符合法律规定
B. 乙公司是在临时性工作岗位上使用梁某,符合法律规定
C. 梁某申请仲裁不受仲裁时效期间的限制
D. 梁某申请仲裁时应将甲公司和乙公司作为共同当事人

448． 甲房地产公司与乙国有工业公司签订《合作协议》,在乙公司原有的仓库用地上开发商品房。双方约定,共同成立"玫园置业有限公司"(以下简称"玫园公司")。甲公司投入开发资金,乙公司负责将该土地上原有的划拨土地使用权转变为出让土地使用权,然后将出让土地使用权作为出资投入玫园公司。

玫园公司与丙劳务派遣公司签订协议,由其派遣王某到玫园公司担任保洁员。不久,甲、乙产生纠纷,经营停顿。玫园公司以签订派遣协议时所依据的客观情况发生重大变化为由,将王某退回丙公司,丙公司遂以此为由解除

---

① AC ② CD

| 刷题表 | 时　间 | 题号 | 一刷 | 二刷 | 题号 | 一刷 | 二刷 | 题号 | 一刷 | 二刷 | 题号 | 一刷 | 二刷 |

王某的劳动合同。

请回答(1)、(2)题：

(1) 2012/1/95/任

根据《劳动合同法》，王某的用人单位是：①

A. 甲公司　　　　　　　　B. 乙企业
C. 丙公司　　　　　　　　D. 玫园公司

(2) 2012/1/96/任

关于王某劳动关系解除问题，下列选项正确的是：②

A. 玫园公司有权将王某退回丙公司
B. 丙公司有权解除与王某的劳动合同
C. 王某有权要求丙公司继续履行劳动合同
D. 王某如不愿回到丙公司，有权要求其支付赔偿金

449. 2008年5月，松园劳务派遣有限责任公司(简称"松园公司")与天利房地产开发有限责任公司(简称"天利公司")签订劳务派遣协议，将李某派遣到天利公司工作。根据有关法律规定，请回答第(1)~(3)题。

(1) 2008/1/95/任

松园公司与天利公司协商劳务派遣协议的下列条款中，不符合法律规定的有：③

A. 李某在天利公司的工作岗位，可不在劳务派遣协议中约定，由天利公司根据需要灵活决定
B. 李某在天利公司的工作期限，可以在劳务派遣协议中约定为四个周期，每个周期为半年，每个周期结束前订立新的劳务派遣协议
C. 李某在天利公司的劳动报酬，应当在劳务派遣协议中约定
D. 双方对劳务派遣协议的内容负保密义务，不得向包括李某在内的任何人披露

(2) 2008/1/96/任

松园公司和天利公司对李某的下列做法中，不符合法律规定的有：④

A. 松园公司与李某签订到期可续签的一年期劳动合同
B. 松园公司从李某每月工资中提取5%作为员工集体福利费

---

① C　② ACD(原答案为CD)　③ ABD　④ ABCD

C. 天利公司要求李某缴纳 5000 元岗位责任保证金

D. 天利公司告知李某无权参加本公司工会

（3）**2008/1/97/任**

天利公司将李某再派遣到自己的子公司,被李某拒绝。天利公司遂以李某不服从工作安排为由将其退回松园公司。随后,松园公司以李某已无工作为由解除劳动合同。对此,下列表述错误的是:①

A. 天利公司可以对李某进行再派遣,但不能因李某拒绝而将其退回

B. 松园公司不得因李某已无工作而解除劳动合同

C. 李某可以将天利公司或者松园公司作为被申请人,申请劳动争议仲裁

D. 李某可以就其因劳动合同解除而受到的损失,请求天利公司和松园公司共同承担赔偿责任

专题三十三　劳动法

考点80　劳动法

450. **2020 回忆/任**

2019 年 3 月 1 日,张某通过招聘入职甲公司。入职后,张某发现自己已经怀孕 1 个月,以此为理由故意迟到早退,不服从夜班安排,违反了公司规定的《员工纪律》。7 月 1 日,甲公司对张某予以解聘。对此,下列说法正确的是:②

A. 张某拒绝上夜班不违反《劳动法》

B. 公司可以解除和张某的劳动合同

C. 《员工纪律》构成劳动合同的内容

D. 若张某因不能胜任该岗位,公司调岗后仍不能胜任,公司可以解除劳动合同

451. **2010/1/73/多**

下列哪些说法违反劳动法的规定?③

A. 我国公民未满十六岁的,用人单位一律不得招用

B. 双方当事人不可以约定周六加班

C. 劳动合同期限约定为二年的,试用期应在半年以上

D. 双方当事人可就全部合同条款作出违约金约定

---

① AC(原答案为 A)　② BC　③ ABCD(原答案为 ACD)

452. 2010/1/74/多

关于工资保障制度,下列哪些表述符合劳动法的规定?①

A. 按照最低工资保障制度,用人单位支付劳动者的工资不得低于当地最低工资标准
B. 乡镇企业不适用最低工资保障制度
C. 加班工资不包括在最低工资之内
D. 劳动者在婚丧假以及依法参加社会活动期间,用人单位应当依法支付工资

453. 2009/1/70/多

关于劳动关系的表述,下列哪些选项是正确的?②

A. 劳动关系是特定当事人之间的法律关系
B. 劳动关系既包括劳动者与用人单位之间的关系也包括劳动行政部门与劳动者、用人单位之间的关系
C. 劳动关系既包括财产关系也包括人身关系
D. 劳动关系既具有平等关系的属性也具有从属关系的属性

454. 2009/1/72/多

东星公司新建的化工生产线在投入生产过程中,下列哪些行为违反《劳动法》规定?③

A. 安排女技术员参加公司技术攻关小组并到位于地下的设备室进行检测
B. 在防止有毒气体泄漏的预警装置调试完成之前,开始生产线的试运行
C. 试运行期间,从事特种作业的操作员已经接受了专门培训,但未取得相应的资格证书
D. 试运行开始前,未对生产线上的员工进行健康检查

专题三十四 劳动争议调解仲裁法

考点81 劳动争议调解仲裁法

455. 2019回忆/多

胡某是某科技公司的技术骨干,正在主持公司重大科研项目,因

---

① ACD ② ACD ③ BC

为出国留学欲辞职。公司声称,胡某辞职将使公司项目受挫,给公司造成重大损失,所以拒绝胡某辞职。法律援助机构的刘某协助胡某成功离职,但是公司拒不支付胡某最后一个月工资,胡某欲申请劳动仲裁。下列说法正确的是:①

A. 胡某辞职的理由不合理,不能辞职
B. 在律所执业满 1 年的马律师可以做仲裁员
C. 胡某可以委托刘某作为代理人参加仲裁
D. 仲裁裁决作出后,公司认为仲裁违反法定程序的,可向法院申请撤销仲裁裁决

456. 李某原在甲公司就职,适用不定时工作制。2012 年 1 月,因甲公司被乙公司兼并,李某成为乙公司职工,继续适用不定时工作制。2012 年 12 月,由于李某在年度绩效考核中得分最低,乙公司根据公司绩效考核制度中"末位淘汰"的规定,决定终止与李某的劳动关系。李某于 2013 年 11 月提出劳动争议仲裁申请,主张:原劳动合同于 2012 年 3 月到期后,乙公司一直未与本人签订新的书面劳动合同,应从 4 月起每月支付二倍的工资;公司终止合同违法,应恢复本人的工作。请回答第(1)、(2)题。

(1) `2014/1/86/任`
关于李某申请仲裁的有关问题,下列选项正确的是:②
A. 因劳动合同履行地与乙公司所在地不一致,李某只能向劳动合同履行地的劳动争议仲裁委员会申请仲裁
B. 申请时应提交仲裁申请书,确有困难的也可口头申请
C. 乙公司对终止劳动合同的主张负举证责任
D. 对劳动争议仲裁委员会逾期未作出是否受理决定的,李某可就该劳动争议事项向法院起诉

(2) `2014/1/88/任`
关于未签订书面劳动合同期间支付二倍工资的仲裁请求,下列选项正确的是:③
A. 劳动合同到期后未签订新的劳动合同,李某仍继续在公司工作,应视为原劳动合同继续有效,故李某无权请求支付二倍工资
B. 劳动合同到期后应签订新的劳动合同,否则属于未与劳动者订立书面劳动合同的情形,故李某有权请求支付二倍工资
C. 李某的该项仲裁请求已经超过时效期间

① CD ② BCD ③ BD

· 160 ·

D. 李某的该项仲裁请求没有超过时效期间

457． 2012/1/71/多

李某因追索工资与所在公司发生争议，遂向律师咨询。该律师提供的下列哪些意见是合法的？①

A. 解决该争议既可与公司协商，也可申请调解，还可直接申请仲裁
B. 应向劳动者工资关系所在地的劳动争议仲裁委提出仲裁请求
C. 如追索工资的金额未超过当地月最低工资标准12个月金额，则仲裁裁决为终局裁决，用人单位不得再起诉
D. 即使追索工资的金额未超过当地月最低工资标准12个月金额，只要李某对仲裁裁决不服，仍可向法院起诉

458． 2009/1/73/多 新法改编

下列哪些情形不属于《劳动争议调解仲裁法》规定的劳动争议范围？②

A. 张某自动离职一年后，回原单位要求复职被拒绝
B. 郑某辞职后，不同意公司按存款本息购回其持有的职工股，要求做市场价评估
C. 秦某退休后，因社会保险经办机构未及时发放社会保险金，要求公司协助解决
D. 刘某因工伤致残后，对劳动能力鉴定委员会评定的伤残等级不服，要求重新鉴定

专题三十五　社会保险法

考点82　社会保险法

459． 2022 回忆/单

甲公司因资金紧张未缴纳7月份的工伤保险费，7月11日工伤保险关系自动中断。7月15日，员工乙因工死亡，其妻子去社保中心申领丧葬补助金和工亡补助金，社保中心以未缴工伤保险费为由拒绝。甲公司于8月足额补缴了欠费。关于乙的工亡待遇，下列哪一说法是正确的？③

A. 丧葬补助金和工亡补助金均由甲公司支付

① ACD　② BCD　③ A

B. 丧葬补助金和工亡补助金均由工伤保险基金支付
C. 丧葬补助金由甲公司支付,工亡补助金由工伤保险基金支付
D. 工伤保险基金支付已缴的部分,甲公司承担欠缴的一个月部分

460. (2018 回忆/多)

甲公司与乙公司签订合同,由乙公司为其招聘劳务人员,乙公司将陈某派遣至甲公司工作。乙公司为陈某投保了人身意外险,后陈某在工作中意外死亡。以下说法不正确的是:①

A. 甲公司应为陈某缴纳工伤保险费
B. 乙公司应为陈某缴纳工伤保险费
C. 乙公司已为陈某投保人身意外险,无需再缴纳工伤保险费
D. 只有陈某自行缴纳了工伤保险费,其父母才能领取相应的工伤保险待遇

461. (2015/1/97/任)

某商场使用了由东方电梯厂生产、亚林公司销售的自动扶梯。某日营业时间,自动扶梯突然逆向运行,造成顾客王某、栗某和商场职工薛某受伤,其中栗某受重伤,经治疗半身瘫痪,数次自杀未遂。现查明,该型号自动扶梯在全国已多次发生相同问题,但电梯厂均通过更换零部件、维修进行处理,并未停止生产和销售。

职工薛某被认定为工伤且被鉴定为六级伤残。关于其工伤保险待遇,下列选项正确的是:②

A. 如商场未参加工伤保险,薛某可主张商场支付工伤保险待遇或者承担民事人身损害赔偿责任
B. 如商场未参加工伤保险也不支付工伤保险待遇,薛某可主张工伤保险基金先行支付
C. 如商场参加了工伤保险,主要由工伤保险基金支付工伤保险待遇,但按月领取的伤残津贴仍由商场支付
D. 如电梯厂已支付工伤医疗费,薛某仍有权获得工伤保险基金支付的工伤医疗费

① ACD ② BC

| 刷题表 | 时 间 | 题号 | 一刷 | 二刷 | 题号 | 一刷 | 二刷 | 题号 | 一刷 | 二刷 | 题号 | 一刷 | 二刷 |

462. 2013/1/96/任

某公司聘用首次就业的王某,口头约定劳动合同期限 2 年,试用期 3 个月,月工资 1200 元,试用期满后 1500 元。

2012 年 7 月 1 日起,王某上班,不久即与同事李某确立恋爱关系。9 月,由经理办公会讨论决定并征得工会主席同意,公司公布施行《工作纪律规定》,要求同事不得有恋爱或婚姻关系,否则一方必须离开公司。公司据此解除王某的劳动合同。

经查明,当地月最低工资标准为 1000 元,公司与王某一直未签订书面劳动合同,但王某买了失业保险。

关于王某离开该公司后申请领取失业保险金的问题,下列说法正确的是:①

A. 王某及该公司累计缴纳失业保险费尚未满 1 年,无权领取失业保险金
B. 王某被解除劳动合同的原因与其能否领取失业保险金无关
C. 若王某依法能领取失业保险金,在此期间还想参加职工基本医疗保险,则其应缴纳的基本医疗保险费从失业保险基金中支付
D. 若王某选择跨统筹地区就业,可申请退还其个人缴纳的失业保险费

463. 2012/1/70/多

关于基本养老保险的个人账户,下列哪些选项是正确的?②

A. 职工个人缴纳的基本养老保险费全部记入个人账户
B. 用人单位缴纳的基本养老保险费按规定比例记入个人账户
C. 个人死亡的,个人账户余额可以继承
D. 个人账户不得提前支取

464. 2011/1/69/多

关于社会保险制度,下列哪些说法是正确的?③

A. 国家建立社会保险制度,是为了使劳动者在年老、患病、工伤、失业、生育等情况下获得帮助和补偿
B. 国家设立社会保险基金,按照保险类型确定资金来源,实行社会统筹
C. 用人单位和职工都有缴纳社会保险费的义务
D. 劳动者死亡后,其社会保险待遇由遗属继承

① ABC ② ACD ③ ABC

163

专题三十六　军人保险法

考点 83 军人保险法

465． 2019 回忆/单

张某退伍前因一次救灾活动导致八级伤残,退伍到大明公司工作,担任司机。某日,张某按照公司要求到机场接机,途中遭遇车祸造成五级伤残,并且导致在部队的旧伤复发。大明公司没有给张某缴纳工伤保险费,下列说法正确的是:①

A. 张某可以同时领取工伤保险和军人伤亡保险金
B. 应当从军人保险基金中拨付工伤保险待遇支付给张某
C. 张某可以申请退伍费的补偿
D. 张某可以每月向公司领取伤残津贴

---

① D

刷题表	时　间	题号	一刷	二刷	题号	一刷	二刷	题号	一刷	二刷	题号	一刷	二刷

知识产权法

> 扫一扫，"码"上做题　微信扫码，即可线上做题、看解析。
> 多种做题模式：章节自测、单科集训、随机演练等。

专题三十七　著作权

考点84　著作权法

466. 〔2023 回忆/单〕

1970年，魏某拍摄了一张照片刊登在某杂志，该杂志同页也刊登了左某的一篇评论，评论的对象就是魏某拍摄的照片。2022年，丙网站擅自将该杂志扫描上传网络，并提供付费下载服务。左某于1971年死亡，魏某仍健在。关于丙网站的行为，下列哪一说法是正确的？①

A. 未侵犯任何人的著作权
B. 同时侵犯了魏某、左某的著作权
C. 侵犯了魏某的著作权
D. 侵犯了左某继承人的著作权

467. 〔2022 回忆/多〕

某舞蹈团计划举行联欢晚会，委托常某设计了一支舞蹈。晚会上由舞蹈团的郭某领舞表演了该舞蹈。钱某在晚会现场录制了郭某的舞蹈表演，并上传到短视频平台供用户观看。对此，钱某侵犯了下列哪些权利？②

A. 舞蹈团的表演者权　　B. 郭某的表演者权
C. 常某的著作权　　　　D. 郭某的著作权

468. 〔2022 回忆/多〕

画家李某创作了一幅油画《月光》，并在发表前将其赠与郑某。

---

① C　② AC

郑某让其员工将该画拍摄成照片用于公司某产品的背景图。对此,郑某及其员工的行为侵犯了李某的下列哪些权利?①

A. 展览权
B. 发表权
C. 复制权
D. 信息网络传播权

469. 2021 回忆/多

艺术家甲欲将自己的传奇人生记录下来,遂由甲口述并聘请作家乙执笔,乙以甲的人生经历为素材完成了20万字的小说《我的一生》,二人未约定著作权的归属。后甲和乙均在一次旅游途中因车祸去世,乙的儿子丙在整理遗物时发现了原著手稿。丙欲将其出版,甲的儿子丁反对。下列哪些表述是正确的?②

A. 丙有权向丁主张支付报酬
B. 因手稿在丙手中,该小说的著作权归丙享有
C. 原著手稿的所有权归丙所有
D. 丁主张其享有小说出版著作权,能够得到法院支持

470. 2020 回忆/多

朱某为法学院退休教授,陈某经朱某同意将其退休之前演讲的录音资料汇编为文字出版,在汇编时,陈某还邀请许某就该书的典故、渊源、专业术语等作了注释,形成完整的体系。其后,陈某与甲出版社就该书签订专有出版合同。在图书出版后,乙网络平台未经许可发布该书的电子版。乙网络公司侵犯了下列哪些主体的权利?③

A. 侵犯了朱某的著作权
B. 侵犯了陈某的著作权
C. 侵犯了许某的著作权
D. 侵犯了出版社的专有出版权

471. 2019 回忆/单

某杂志社出版的《天下事》是国内知名的时事类期刊,每期内容均精心挑选编排,入选率仅为10%。甲网站未经许可转载了该期刊每期所有的文章,并且未标明出处和不得转载。后大量网民从甲网站下载了《天下事》里收录的文章。下列哪一项说法是正确的?④

A. 甲网站侵犯了杂志社和作者的著作权

---

① BC ② ACD ③ ABC ④ A

B. 甲网站只侵犯了作者的著作权

C. 如果甲网站给作者付费就不侵犯其著作权

D. 如果杂志社收录的文章未经作者同意,则甲网站不侵犯杂志社的著作权

472. 2018 回忆/单

甲创作歌曲《平安之路》,乙在某商业场合对其进行了演唱,丙公司将乙的演唱制成唱片,丁酒店把该唱片买回后在酒店大厅作为背景音乐播放,戊广播电台在电视栏目中进行了播出。下列哪一项说法是正确的?①

A. 乙演唱该歌曲需要经过甲的同意并支付报酬

B. 丙公司把乙的演唱制成唱片,不需要经过甲的同意并支付报酬

C. 丁酒店在酒店大厅将该歌曲作为背景音乐播放,不需要经过甲的同意并支付报酬

D. 戊广播电台的播放行为需要经过甲的同意并支付报酬

473. 2017/3/14/单

某电影公司委托王某创作电影剧本,但未约定该剧本著作权的归属,并据此拍摄电影。下列哪一未经该电影公司和王某许可的行为,同时侵犯二者的著作权?②

A. 某音像出版社制作并出版该电影的 DVD

B. 某动漫公司根据该电影的情节和画面绘制一整套漫画,并在网络上传播

C. 某学生将该电影中的对话用方言配音,产生滑稽效果,并将配音后的电影上传网络

D. 某电视台在"电影经典对话"专题片中播放 30 分钟该部电影中带有经典对话的画面

474. 2017/3/63/多

牛博朗研习书法绘画 30 年,研究出汉字的独特写法牛氏"润金体"。"润金体"借鉴了"瘦金体",但在布局、线条、勾画、落笔以及比例上自成体系,多出三分圆润,审美价值很高。牛博朗将其成果在网络上发布,并注明"版权所有,未经许可,不得使用"。羊阳洋公司从该网站下载了九个"润金体"字,组成广告词"小绵羊、照太阳、过海洋",为其从国外进口的羔羊肉做广

① A ② B

告。关于"润金体"及羊阳洋公司的行为,下列哪些选项是正确的?①
A. 字体不属于著作权保护的范围,故羊阳洋公司不构成侵权
B. "润金体"具有一定的独创性,可认定为美术作品而受著作权法保护
C. 羊阳洋公司只是选取了有限的数个汉字,不构成对"润金体"整体著作权的侵犯
D. 羊阳洋公司未经牛博朗同意,擅自使用"润金体"汉字,构成对牛博朗著作权的侵犯

475. 2016/3/62/多

著作权人Y认为网络服务提供者Z的服务所涉及的作品侵犯了自己的信息网络传播权,向Z提交书面通知要求其删除侵权作品。对此,下列哪些选项是正确的?②
A. Y的通知书应当包含该作品构成侵权的初步证明材料
B. Z接到书面通知后,可在合理时间内删除涉嫌侵权作品,同时将通知书转送提供该作品的服务对象
C. 服务对象接到Z转送的书面通知后,认为提供的作品未侵犯Y的权利的,可以向Z提出书面说明,要求恢复被删除作品
D. Z收到服务对象的书面说明后应即恢复被删除作品,同时将服务对象的说明转送Y的,则Y不得再通知Z删除该作品

476. 2016/3/63/多

甲作曲、乙填词,合作创作了歌曲《春风来》。甲拟将该歌曲授权歌星丙演唱,乙坚决反对。甲不顾反对,重新填词并改名为《秋风起》,仍与丙签订许可使用合同,并获报酬10万元。对此,下列哪些选项是正确的?③
A. 《春风来》的著作权由甲、乙共同享有
B. 甲侵害了《春风来》歌曲的整体著作权
C. 甲、丙签订的许可使用合同有效
D. 甲获得的10万元报酬应合理分配给乙

477. 2015/3/16/单

甲、乙合作创作了一部小说,后甲希望出版小说,乙无故拒绝。甲把小说上传至自己博客并保留了乙的署名。丙未经甲、乙许可,在自己博客中设置链接,用户点击链接可进入甲的博客阅读小说。丁未经甲、乙许可,在自

① BD ② ACD ③ AC

己博客中转载了小说。戊出版社只经过甲的许可就出版了小说。下列哪一选项是正确的?①

A. 甲侵害了乙的发表权和信息网络传播权
B. 丙侵害了甲、乙的信息网络传播权
C. 丁向甲、乙寄送了高额报酬,但其行为仍然构成侵权
D. 戊出版社侵害了乙的复制权和发行权

478. 2015/3/17/单

甲、乙、丙、丁相约勤工俭学。下列未经著作权人同意使用他人受保护作品的哪一行为没有侵犯著作权?②

A. 甲临摹知名绘画作品后廉价出售给路人
B. 乙收购一批旧书后廉价出租给同学
C. 丙购买一批正版录音制品后廉价出租给同学
D. 丁购买正版音乐CD后在自己开设的小餐馆播放

479. 2015/3/62/多

应出版社约稿,崔雪创作完成一部儿童题材小说《森林之歌》。为吸引儿童阅读,增添小说离奇色彩,作者使用笔名"吹雪",特意将小说中的狗熊写成三只腿的动物。出版社编辑在核稿和编辑过程中,认为作者有笔误,直接将"吹雪"改为"崔雪"、将狗熊改写成四只腿的动物。出版社将《森林之歌》批发给书店销售。下列哪些说法是正确的?③

A. 出版社侵犯了作者的修改权
B. 出版社侵犯了作者的保护作品完整权
C. 出版社侵犯了作者的署名权
D. 书店侵犯了作者的发行权

480. 2014/3/17/单

甲展览馆委托雕塑家叶某创作了一座巨型雕塑,将其放置在公园入口,委托创作合同中未约定版权归属。下列行为中,哪一项不属于侵犯著作权的行为?④

A. 甲展览馆许可乙博物馆异地重建完全相同的雕塑
B. 甲展览馆仿照雕塑制作小型纪念品向游客出售
C. 个体户冯某仿照雕塑制作小型纪念品向游客出售

---

① C ② B ③ ABC ④ D

D. 游客陈某未经著作权人同意对雕塑拍照纪念

481. 2014/3/18/单

甲电视台经过主办方的专有授权,对篮球俱乐部联赛进行了现场直播,包括在比赛休息时舞蹈演员跳舞助兴的场面。乙电视台未经许可截取电视信号进行同步转播。关于乙电视台的行为,下列哪一表述是正确的?①

A. 侵犯了主办方对篮球比赛的著作权
B. 侵犯了篮球运动员的表演者权
C. 侵犯了舞蹈演员的表演者权
D. 侵犯了主办方的广播组织权

482. 2014/3/62/多

甲创作了一首歌曲《红苹果》,乙唱片公司与甲签订了专有许可合同,在聘请歌星丙演唱了这首歌曲后,制作成录音制品(CD)出版发行。下列哪些行为属于侵权行为?②

A. 某公司未经许可翻录该CD后销售,向甲、乙、丙寄送了报酬
B. 某公司未经许可自聘歌手在录音棚中演唱了《红苹果》并制作成DVD销售,向甲寄送了报酬
C. 某商场购买CD后在营业时间作为背景音乐播放,经过甲许可并向其支付了报酬
D. 某电影公司将CD中的声音作为电影的插曲使用,只经过了甲许可

483. 2013/3/17/单

甲的画作《梦》于1960年发表。1961年3月4日甲去世。甲的唯一继承人乙于2009年10月发现丙网站长期传播作品《梦》,且未署甲名。2012年9月1日,乙向法院起诉。下列哪一表述是正确的?③

A. 《梦》的创作和发表均产生于我国《著作权法》生效之前,不受该法保护
B. 乙的起诉已超过诉讼时效,其胜诉权不受保护
C. 乙无权要求丙网站停止实施侵害甲署名权的行为
D. 乙无权要求丙网站停止实施侵害甲对该作品的信息网络传播权的行为

① C ② AD ③ D

484. 2013/3/62/多

王琪琪在某网站中注册了昵称为"小玉儿"的博客账户,长期以"小玉儿"名义发博文。其中,署名"小玉儿"的《法内情》短文被该网站以写作水平不高为由删除;署名"小玉儿"的《法外情》短文被该网站添加了"作者:王琪琪"字样。关于该网站的行为,下列哪些表述是正确的?①

A. 删除《法内情》的行为没有侵犯王琪琪的发表权

B. 删除《法内情》的行为没有侵犯王琪琪的信息网络传播权

C. 添加字样的行为侵犯了王琪琪的署名权

D. 添加字样的行为侵犯了王琪琪的保护作品完整权

485. 2013/3/63/多

甲公司委托乙公司开发印刷排版系统软件,付费20万元,没有明确约定著作权的归属。后甲公司以高价向善意的丙公司出售了该软件的复制品。丙公司安装使用5年后,乙公司诉求丙公司停止使用并销毁该软件。下列哪些表述是正确的?②

A. 该软件的著作权属于甲公司

B. 乙公司的起诉已超过诉讼时效

C. 丙公司可不承担赔偿责任

D. 丙公司应停止使用并销毁该软件

486. 2012/3/17/单

某出版社出版了一本学术论文集,专门收集国内学者公开发表的关于如何认定和处理侵犯知识产权行为的有关论文或论文摘要。该论文集收录的论文受我国著作权法保护,其内容选择和编排具有独创性。下列哪一说法是正确的?③

A. 被选编入论文集的论文已经发表,故出版社不需征得论文著作权人的同意

B. 该论文集属于学术著作,具有公益性,故出版社不需向论文著作权人支付报酬

C. 他人复制该论文集只需征得出版社同意并支付报酬

D. 如出版社未经论文著作权人同意而将有关论文收录,出版社对该论文集仍享有著作权

① ABC ② CD ③ D

| 刷题表 | 时间 | 题号 | 一刷 | 二刷 | 题号 | 一刷 | 二刷 | 题号 | 一刷 | 二刷 | 题号 | 一刷 | 二刷 |

487. 2012/3/62/多

王某创作歌曲《唱来唱去》,张某经王某许可后演唱该歌曲并由花园公司合法制作成录音制品后发行。下列哪些未经权利人许可的行为属于侵权行为?①

A. 甲航空公司购买该正版录音制品后在飞机上播放供乘客欣赏
B. 乙公司购买该正版录音制品后进行出租
C. 丙学生购买正版的录音制品后用于个人欣赏
D. 丁学生购买正版录音制品试听后将其上传到网络上传播

488. 2012/3/63/多

居住在A国的我国公民甲创作一部英文小说,乙经许可将该小说翻译成中文小说,丙经许可将该翻译的中文小说改编成电影文学剧本,并向丁杂志社投稿。下列哪些说法是错误的?②

A. 甲的小说必须在我国或A国发表才能受我国著作权法保护
B. 乙翻译的小说和丙改编的电影文学剧本均属于演绎作品
C. 丙只需征得乙的同意并向其支付报酬
D. 丁杂志社如要使用丙的作品还应当分别征得甲、乙的同意,但只需向丙支付报酬

489. 2011/3/16/单

某诗人署名"漫动的音符",在甲网站发表题为"天堂向左"的诗作,乙出版社的《现代诗集》收录该诗,丙教材编写单位将该诗作为范文编入《语文》教材,丁文学网站转载了该诗。下列哪一说法是正确的?③

A. 该诗人在甲网站署名方式不合法
B. "天堂向左"在《现代诗集》中被正式发表
C. 丙可以不经该诗人同意使用"天堂向左",但应当按照规定支付报酬
D. 丁网站未经该诗人和甲网站同意而转载,构成侵权行为

490. 2011/3/61/多

我国《著作权法》不适用于下列哪些选项?④

A. 法院判决书
B. 《与贸易有关的知识产权协定》的官方中文译文
C. 《伯尔尼公约》成员国国民的未发表且未经我国有关部门审批的境外

---

① ABD ② ACD ③ C ④ ABD

影视作品

D. 奥运会开幕式火炬点燃仪式的创意

491． 2011/3/62/多

甲电视台模仿某境外电视节目创作并录制了一档新娱乐节目，尚未播放。乙闭路电视台贿赂甲电视台工作人员贺某复制了该节目，并将获得的复制品抢先播放。下列哪些说法是正确的？①

A. 乙电视台侵犯了甲电视台的播放权
B. 乙电视台侵犯了甲电视台的复制权
C. 贺某应当与乙电视台承担连带责任
D. 贺某应承担补充责任

492． 2010/3/15/单

甲无国籍，经常居住地为乙国，甲创作的小说《黑客》在丙国首次出版。我国公民丁在丙国购买了该小说，未经甲同意将其翻译并在我国境内某网站传播。《黑客》要受我国著作权法保护，应当具备下列哪一条件？②

A. 《黑客》不应当属于我国禁止出版或传播的作品
B. 甲对丁翻译《黑客》并在我国境内网站传播的行为予以追认
C. 乙和丙国均加入了《保护文学艺术作品伯尔尼公约》
D. 乙或丙国加入了《保护文学艺术作品伯尔尼公约》

493． 2010/3/16/单

甲、乙合作完成一部剧本，丙影视公司欲将该剧本拍摄成电视剧。甲以丙公司没有名气为由拒绝，乙独自与丙公司签订合同，以十万元价格将该剧本摄制权许可给丙公司。对此，下列哪一说法是错误的？③

A. 该剧本版权由甲、乙共同享有
B. 该剧本版权中的人身权不可转让
C. 乙与丙公司签订的许可合同无效
D. 乙获得的十万元报酬应当合理分配给甲

494． 2010/3/63/多

甲影视公司将其摄制的电影《愿者上钩》的信息网络传播权转让给乙网站，乙网站采取技术措施防范未经许可免费播放或下载该影片。丙网

---

① BC　② D　③ C

| 刷题表 | 时 间 | 题号 | 一刷 | 二刷 | 题号 | 一刷 | 二刷 | 题号 | 一刷 | 二刷 | 题号 | 一刷 | 二刷 |

站开发出专门规避乙网站技术防范软件,供网民在丙网站免费下载使用,学生丁利用该软件免费下载了《愿者上钩》供个人观看。对此,下列哪些说法是正确的?①

A. 丙网站的行为侵犯了著作权
B. 丁的行为侵犯了著作权
C. 甲公司已经丧失著作权人主体资格
D. 乙网站可不经甲公司同意以自己名义起诉侵权行为人

495． 2009/3/14/单

小刘从小就显示出很高的文学天赋,九岁时写了小说《隐形翅膀》,并将该小说的网络传播权转让给某网站。小刘的父母反对该转让行为。下列哪一说法是正确的?②

A. 小刘父母享有该小说的著作权,因为小刘是无民事行为能力人
B. 小刘及其父母均不享有著作权,因为该小说未发表
C. 小刘对该小说享有著作权,但网络传播权转让合同无效
D. 小刘对该小说享有著作权,网络传播权转让合同有效

496． 2009/3/15/单

甲创作的一篇杂文,发表后引起较大轰动。该杂文被多家报刊、网站无偿转载。乙将该杂文译成法文,丙将之译成维文,均在国内出版,未征得甲的同意,也未支付报酬。下列哪一观点是正确的?③

A. 报刊和网站转载该杂文的行为不构成侵权
B. 乙和丙的行为均不构成侵权
C. 乙的行为不构成侵权,丙的行为构成侵权
D. 乙的行为构成侵权,丙的行为不构成侵权

497． 2009/3/18/单

甲创作并出版的经典童话《大灰狼》超过著作财产权保护期后,乙将"大灰狼"文字及图形申请注册在"书籍"等商品类别上并获准注册。丙出版社随后未经甲和乙同意出版了甲的《大灰狼》童话,并使用了"大灰狼"文字及图形,但署名为另一著名歌星丁,丁对此并不知情。关于丙出版社的行为,下列哪一说法是错误的?④

A. 侵犯了甲的复制权

---

① BD ② C ③ D ④ A

B. 侵犯了甲的署名权
C. 侵犯了丁的姓名权
D. 侵犯了乙的商标权

498. 2009/3/63/多

叶某创作《星光灿烂》词曲并发表于音乐杂志,郝某在个人举办的赈灾义演中演唱该歌曲,南极熊唱片公司录制并发行郝某的演唱会唱片,星星电台购买该唱片并播放了该歌曲。下列哪些说法是正确的?①

A. 郝某演唱《星光灿烂》应征得叶某同意并支付报酬
B. 南极熊唱片公司录制该歌曲应当征得郝某同意并支付报酬
C. 星星电台播放该歌曲应征得郝某同意
D. 星星电台播放该歌曲应征得南极熊唱片公司同意

499. 2009/3/64/多

下列哪些出租行为构成对知识产权的侵犯?②

A. 甲购买正版畅销图书用于出租
B. 乙购买正版杀毒软件用于出租
C. 丙购买正版唱片用于出租
D. 丁购买正宗专利产品用于出租

500. 2008/3/19/单 新法改编

甲、乙、丙、丁四人合作创作一部小说,甲、乙欲将该小说许可给某网站在网络上刊载,同时许可某电影制片厂改编后拍成电影。丙无故拒绝,丁则不置可否。对此,下列哪一选项是正确的?③

A. 如果丙坚持反对,甲、乙不能将作品许可他人使用
B. 甲、乙有权不顾丙的反对,将作品许可他人使用
C. 如果丁同意,则甲、乙可以不顾丙的反对将作品许可他人使用
D. 如果丁也表示反对,则甲、乙不能将作品许可他人使用

501. 2008/3/20/单

李某于2006年8月4日创作完成小说《别来烦我》,2007年3月5日发表于某文学刊物后被张某改编成剧本,甲公司根据该剧本拍成同名电视剧,乙电视台将该电视剧进行播放。对此,下列哪一选项是错误的?④

---

① AB ② BC ③ B ④ A

A. 李某从 2007 年 3 月 5 日起对小说享有著作权
B. 张某对剧本享有著作权
C. 甲公司将该剧本拍成电视剧应当取得李某和张某的许可并支付报酬
D. 乙电视台播放该电视剧应当取得甲公司许可并支付报酬

502． 2008/3/21/单

甲从书画市场上购得乙的摄影作品《鸟巢》，与其他摄影作品一起用于营利性展览。丙偷偷将《鸟巢》翻拍后以自己的名义刊登在某杂志上，丁经丙同意将刊登在该杂志上的《鸟巢》又制作成挂历销售。对此，下列哪一选项是正确的？①

A. 甲无权将《鸟巢》进行营利性展览
B. 丙的行为构成剽窃
C. 丙的行为侵犯了乙的发表权
D. 丁应停止销售，但因无过错免于承担赔偿责任

503． 2008/3/65/多

甲电视台获得了某歌星演唱会的现场直播权，乙电视台未经许可对甲电视台直播的演唱会实况进行转播，丙广播电台经过许可将现场演唱制作成 CD，丁音像店从正规渠道购买到 CD 用于出租，戊未经许可将丙广播电台播放的演唱会录音录下后上传到网站上传播。下列哪些选项是正确的？②

A. 甲电视台有权禁止乙电视台的转播
B. 乙电视台侵犯了该歌星的表演者权
C. 丁音像店应取得该歌星或丙广播电台的许可并向其支付报酬
D. 戊的行为应取得丙广播电台的许可并应向其支付报酬

专题三十八　专利权

考点85　专利法

504． 2023 回忆/多

陈某申请了某个发明专利，2019 年 1 月授权给甲公司使用 5 年，约定每年年底收取 10 万元专利使用费。2021 年 12 月，乙公司未经授权使用该专利，被法院判决赔偿陈某 20 万元。2022 年 1 月，专利局宣告该发明专利

① B　② ABD

无效。甲公司得知后,便不再缴纳专利使用费,但仍继续使用。乙公司未得知该消息,向陈某赔偿了 20 万元。陈某对专利局的宣告不服,申请复审后又向法院提起诉讼。2023 年 5 月,法院终审判决维持宣告该专利无效的决定。对此,下列哪些说法是正确的?①

A. 甲公司应向陈某支付 2022 年及 2023 年的专利使用费
B. 甲公司有权请求陈某返还已经支付的专利使用费
C. 乙公司有权请求陈某返还 20 万元
D. 陈某可以不经复审,直接向法院提起诉讼

505． 2022 回忆/任

甲申请了一项实用新型专利,并向国务院专利行政部门提交了书面声明,表明其愿意许可任何单位或个人实施其专利,并公布了许可使用费的支付方式和标准。乙看到后想要使用该专利。对此,下列说法正确的是:②

A. 甲、乙之间签订专利许可合同后,乙才能取得许可
B. 甲可以和乙协商后给予乙普通许可
C. 乙使用该专利 2 年以后,若甲撤回开放许可声明,则乙可要求甲返还使用费
D. 甲、乙产生纠纷后,应当先经国务院专利机构调解,然后才能起诉

506． 2022 回忆/多

甲、乙两家公司因偶然原因同时研制同一款电饭煲。研发成功后,甲公司于 3 月 15 日在我国政府举办的某展览会上予以公开。同日,乙公司在我国政府承认的世界博览会上公开同款电饭煲。次年 4 月 9 日,甲公司就该款电饭煲申请实用新型专利,乙公司于次日就同款电饭煲申请实用新型专利。对此,下列哪些说法是正确的?③

A. 因甲公司申请在先,甲公司获得该专利
B. 甲公司因为此前的公开行为无法获得该专利
C. 乙公司因为此前的公开行为无法获得该专利
D. 专利局应当通知甲、乙两公司协商确定申请人

507． 2021 回忆/多

甲公司研发出一种新型培育方法并获得发明专利,依据该方法可以培育出 C 型对虾。乙公司未获授权,私自采用该方法培育 C 型对虾,并

① CD ② B ③ BC

将 C 型对虾卖给丙公司生产虾酱,丁超市向丙公司批发大量虾酱用于销售。戊科学研究所运用甲公司的培育方法培育对虾后,发现对虾质量不高,所以改良和创新了培育方法,培育出了高质量的 C 型对虾。对此,下列哪些主体侵犯了甲公司的专利权?①

A. 乙公司
B. 丙公司
C. 丁超市
D. 戊科学研究所

508. 2019 回忆/多

冯某绘制了具有新颖性的熊猫图案,德乐公司未经冯某许可将该熊猫图案印在垃圾桶上,并申请取得了外观设计专利。伯恩公司未经许可制造了一批相同的垃圾桶。喜登公司对此不知情,从伯恩公司购买垃圾桶若干用于旗下的餐厅。下列哪些说法是正确的?②

A. 德乐公司侵犯了冯某的著作权,冯某有权申请德乐公司的专利无效
B. 如果伯恩公司对德乐公司取得专利权不知情,则不承担赔偿责任
C. 喜登公司没有侵犯德乐公司专利权,可以不停止使用且不支付费用
D. 喜登公司侵犯了德乐公司的专利权,应停止使用但不需不支付费用

509. 2018 回忆/单

甲公司发明了一款车载空调并获得了专利,随后乙公司自己研发出了相同的技术生产了车载空调,并向丙公司批销了一批该空调,丁汽车公司从丙公司购买一批该车载空调安装于其生产的汽车上,戊从丁公司购买一辆汽车开展运输业务。关于甲公司获得专利、乙公司的研发销售等行为,丙、丁、戊均不知情。下列哪一项说法是正确的?③

A. 乙公司自己研发的技术并实施,没有侵犯甲公司的专利权
B. 丙公司不知情且有合法的购货来源,所以没有侵犯甲公司的专利权
C. 丁公司应当承担赔偿责任
D. 戊公司可以不停止使用

510. 2017/3/15/单

关于下列成果可否获得专利权的判断,哪一选项是正确的?④

A. 甲设计的新交通规则,能缓解道路拥堵,可获得方法发明专利权
B. 乙设计的新型医用心脏起搏器,能迅速使心脏重新跳动,该起搏器不能被授予专利权

① AB ② AC ③ D ④ D

C. 丙通过转基因方法合成一种新细菌,可过滤汽油的杂质,该细菌属动物新品种,不能被授予专利权
D. 丁设计的儿童水杯,其新颖而独特的造型既富美感,又能防止杯子滑落,该水杯既可申请实用新型专利权,也可申请外观设计专利权

511. 2017/3/64/多

甲、乙两公司各自独立发明了相同的节水型洗衣机。甲公司于2013年6月申请发明专利权,专利局于2014年12月公布其申请文件,并于2015年12月授予发明专利权。乙公司于2013年5月开始销售该种洗衣机。另查,本领域技术人员通过拆解分析该洗衣机,即可了解其节水的全部技术特征。丙公司于2014年12月看到甲公司的申请文件后,立即开始制造并销售相同的洗衣机。2016年1月,甲公司起诉乙、丙两公司侵犯其发明专利权。关于甲公司的诉请,下列哪些说法是正确的?①

A. 如甲公司的专利有效,则丙公司于2014年12月至2015年11月使用甲公司的发明构成侵权
B. 如乙公司在答辩期内请求专利复审委员会宣告甲公司的专利权无效,则法院应中止诉讼
C. 乙公司如能证明自己在甲公司的专利申请日之前就已制造相同的洗衣机、且仅在原有制造能力范围内继续制造,则不构成侵权
D. 丙公司如能证明自己制造销售的洗衣机在技术上与乙公司于2013年5月开始销售的洗衣机完全相同,法院应认定丙公司的行为不侵权

512. 2016/3/14/单

甲公司与乙公司签订买卖合同,以市场价格购买乙公司生产的设备一台,双方交付完毕。设备投入使用后,丙公司向法院起诉甲公司,提出该设备属于丙公司的专利产品,乙公司未经许可制造并销售了该设备,请求法院判令甲公司停止使用。经查,乙公司侵权属实,但甲公司并不知情。关于此案,法院下列哪一做法是正确的?②

A. 驳回丙公司的诉讼请求
B. 判令甲公司支付专利许可使用费
C. 判令甲公司与乙公司承担连带责任
D. 判令先由甲公司支付专利许可使用费,再由乙公司赔偿甲损失

① CD ② A

513. 2016/3/15/单

奔马公司就其生产的一款高档轿车造型和颜色组合获得了外观设计专利权,又将其设计的"飞天神马"造型注册为汽车的立体商标,并将该造型安装在车头。某车行应车主陶某请求,将陶某低价位的旧车改装成该高档轿车的造型和颜色,并从报废的轿车上拆下"飞天神马"标志安装在改装车上。陶某使用该改装车提供专车服务,收费高于普通轿车。关于上述行为,下列哪一说法是错误的?①

A. 陶某的行为侵犯了奔马公司的专利权

B. 车行的行为侵犯了奔马公司的专利权

C. 陶某的行为侵犯了奔马公司的商标权

D. 车行的行为侵犯了奔马公司的商标权

514. 2016/3/16/单

W研究所设计了一种高性能发动机,在我国和《巴黎公约》成员国L国均获得了发明专利权,并分别给予甲公司在我国、乙公司在L国的独占实施许可。下列哪一行为在我国构成对该专利的侵权?②

A. 在L国购买由乙公司制造销售的该发动机,进口至我国销售

B. 在我国购买由甲公司制造销售的该发动机,将发动机改进性能后销售

C. 在我国未经甲公司许可制造该发动机,用于各种新型汽车的碰撞实验,以测试车身的防撞性能

D. 在L国未经乙公司许可制造该发动机,安装在L国客运公司汽车上,该客车曾临时通过我国境内

515. 2015/3/18/单

2010年3月,甲公司将其研发的一种汽车零部件向国家有关部门申请发明专利。该专利申请于2011年9月公布,2013年7月3日获得专利权并公告。2011年2月,乙公司独立研发出相同零部件后,立即组织生产并于次月起持续销售给丙公司用于组装汽车。2012年10月,甲公司发现乙公司的销售行为。2015年6月,甲公司向法院起诉。下列哪一选项是正确的?③

A. 甲公司可要求乙公司对其在2013年7月3日以前实施的行为支付赔偿费用

B. 甲公司要求乙公司支付适当费用的诉讼时效已过

---

① A ② C ③ C

C. 乙公司侵犯了甲公司的专利权
D. 丙公司没有侵犯甲公司的专利权

516. 2015/3/63/多

甲公司获得一项智能手机显示屏的发明专利权后,将该技术以在中国大陆独占许可方式许可给乙公司实施。乙公司付完专利使用费并在销售含有该专利技术的手机过程中,发现丙公司正在当地电视台做广告宣传具有相同专利技术的手机,便立即通知甲公司起诉丙公司。法院受理该侵权纠纷后,丙公司在答辩期内请求宣告专利无效。下列哪些说法是错误的?①

A. 乙公司获得的专利使用权是债权,在不通知甲公司的情况下不能直接起诉丙公司
B. 专利无效宣告前,丙公司侵犯了专利实施权中的销售权
C. 如专利无效,则专利实施许可合同无效,甲公司应返还专利使用费
D. 法院应中止专利侵权案件的审理

517. 2014/3/16/单

甲研究院研制出一种新药技术,向我国有关部门申请专利后,与乙制药公司签订了专利申请权转让合同,并依法向国务院专利行政主管部门办理了登记手续。下列哪一表述是正确的?②

A. 乙公司依法获得药品生产许可证之前,专利申请权转让合同未生效
B. 专利申请权的转让合同自向国务院专利行政主管部门登记之日起生效
C. 专利申请权的转让自向国务院专利行政主管部门登记之日起生效
D. 如该专利申请因缺乏新颖性被驳回,乙公司可以不能实现合同目的为由请求解除专利申请权转让合同

518. 2014/3/63/多

中国甲公司的一项发明在中国和 A 国均获得了专利权。中国的乙公司与甲公司签订了中国地域内的专利独占实施合同。A 国的丙公司与甲公司签订了在 A 国地域内的专利普通实施合同并制造专利产品,A 国的丁公司与乙公司签订了在 A 国地域内的专利普通实施合同并制造专利产品。中国的戊公司、庚公司分别从丙公司和丁公司进口这些产品到中国使用。下列哪些说法是正确的?③

---

① ABCD ② C ③ BD

A. 甲公司应向乙公司承担违约责任
B. 乙公司应向甲公司承担违约责任
C. 戊公司的行为侵犯了乙公司的专利独占实施权
D. 庚公司的行为侵犯了甲公司的专利权

519. 2013/3/18/单

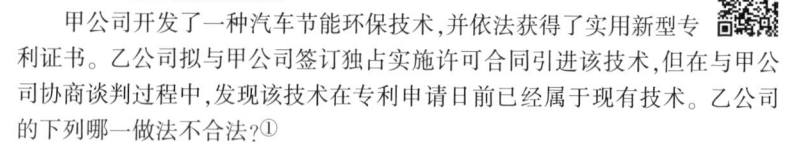

甲公司开发了一种汽车节能环保技术,并依法获得了实用新型专利证书。乙公司拟与甲公司签订独占实施许可合同引进该技术,但在与甲公司协商谈判过程中,发现该技术在专利申请日前已经属于现有技术。乙公司的下列哪一做法不合法?①

A. 在该专利技术基础上继续开发新技术
B. 诉请法院判决该专利无效
C. 请求专利复审委员会宣告该专利无效
D. 无偿使用该技术

520. 2013/3/64/多

范某的下列有关骨科病预防与治疗方面研究成果中,哪些可在我国申请专利?②

A. 发现了导致骨癌的特殊遗传基因
B. 发明了一套帮助骨折病人尽快康复的理疗器械
C. 发明了如何精确诊断股骨头坏死的方法
D. 发明了一种高效治疗软骨病的中药制品

521. 2012/3/18/单

下列哪一选项不属于侵犯专利权的行为?③

A. 甲公司与专利权人签订独占实施许可合同后,许可其子公司乙公司实施该专利技术
B. 获得强制许可实施权的甲公司许可他人实施该专利技术
C. 甲公司销售不知道是侵犯他人专利的产品并能证明该产品来源合法
D. 为提供行政审批所需要的信息,甲公司未经专利权人的同意而制造其专利药品

① B ② BD ③ D

522. 2012/3/64/多

工程师王某在甲公司的职责是研发电脑鼠标。下列哪些说法是错误的?①

A. 王某利用业余时间研发的新鼠标的专利申请权属于甲公司
B. 如王某没有利用甲公司物质技术条件研发出新鼠标,其专利申请权属于王某
C. 王某主要利用了单位物质技术条件研发出新型手机,其专利申请权属于王某
D. 如王某辞职后到乙公司研发出新鼠标,其专利申请权均属于乙公司

523. 2011/3/17/单

甲公司开发出一项发动机关键部件的技术,大大减少了汽车尾气排放。乙公司与甲公司签订书面合同受让该技术的专利申请权后不久,将该技术方案向国家知识产权局同时申请了发明专利和实用新型专利。下列哪一说法是正确的?②

A. 因该技术转让合同未生效,乙公司无权申请专利
B. 因尚未依据该技术方案制造出产品,乙公司无权申请专利
C. 乙公司获得专利申请权后,无权就同一技术方案同时申请发明专利和实用新型专利
D. 乙公司无权就该技术方案获得发明专利和实用新型专利

524. 2011/3/63/多

甲公司获得一项用于自行车雨伞装置的实用新型专利,发现乙公司生产的自行车使用了该技术,遂向法院起诉,要求乙公司停止侵害并赔偿损失10万元。甲公司的下列哪些做法是正确的?③

A. 向乙公司所在地的基层法院起诉
B. 起诉时未向受理法院提交国家知识产权局出具的该专利书面评价报告
C. 将仅在说明书中表述而未在权利要求中记载的技术方案纳入专利权的保护范围
D. 举证期届满后法庭辩论终结前变更其主张的权利要求

---

① BCD ② D ③ BD

刷题表	时 间	题号	一刷	二刷	题号	一刷	二刷	题号	一刷	二刷	题号	一刷	二刷

525． 2010/3/18/多

甲是某产品的专利权人,乙于 2008 年 3 月 1 日开始制造和销售该专利产品。甲于 2009 年 3 月 1 日对乙提起侵权之诉。经查,甲和乙销售每件专利产品分别获利为二万元和一万元,甲因乙的侵权行为少销售 100 台,乙共销售侵权产品 300 台。关于乙应对甲赔偿的额度,下列哪些选项是正确的?①

A. 200 万元　　　　　　　B. 250 万元
C. 300 万元　　　　　　　D. 500 万元

526． 2010/3/62/多

甲乙丙三人合作开发一项技术,合同中未约定权利归属。该项技术开发完成后,甲、丙想要申请专利,而乙主张通过商业秘密来保护。对此,下列哪些选项是错误的?②

A. 甲、丙不得申请专利
B. 甲、丙可申请专利,申请批准后专利权归甲、乙、丙共有
C. 甲、丙可申请专利,申请批准后专利权归甲、丙所有,乙有免费实施的权利
D. 甲、丙不得申请专利,但乙应向甲、丙支付补偿费

527． 2010/3/65/多

甲公司聘请乙专职从事汽车发动机节油技术开发。因开发进度没有达到甲公司的要求,甲公司减少了给乙的开发经费。乙于 2007 年 3 月辞职到丙公司,获得了更高的薪酬和更多的开发经费。2008 年 1 月,乙成功开发了一种新型汽车节油装置技术。关于该技术专利申请权的归属,下列哪些选项是错误的?③

A. 甲公司　　　　　　　B. 乙
C. 丙公司　　　　　　　D. 甲公司和丙公司共有

528． 2009/3/16/单

下列哪一行为构成对知识产权的侵犯?④

A. 刘某明知是盗版书籍而购买并阅读
B. 李某明知是盗版软件而购买并安装使用

---

① AC(原答案为 A)。原为单选题,根据新法答案有变化,调整为多选题　② BCD
③ BCD　④ B

C. 五湖公司明知是假冒注册商标的商品而购买并经营性使用
D. 四海公司明知是侵犯外观设计专利权的商品而购买并经营性使用

529. 2009/3/17/多

黑土公司获得一种新型药品制造方法的发明专利权后,发现市场上有大量白云公司制造的该种新型药品出售,遂向法院起诉要求白云公司停止侵权并赔偿损失。依据新修改《专利法》规定,下列哪些说法是错误的?①

A. 所有基层法院均无该案管辖权
B. 黑土公司不应当承担被告的药品制造方法与专利方法相同的证明责任
C. 白云公司如能证明自己实施的技术属于现有技术,法院应告知白云公司另行提起专利无效宣告程序
D. 如侵犯专利权成立,即使没有证据确定损害赔偿数额,黑土公司仍可获得 1 万元以上 100 万元以下的赔偿额

530. 2009/3/62/多

甲公司非法窃取竞争对手乙公司最新开发的一项技术秘密成果,与丙公司签订转让合同,约定丙公司向甲公司支付一笔转让费后拥有并使用该技术秘密。乙公司得知后,主张甲丙间的合同无效,并要求赔偿损失。下列哪些说法是正确的?②

A. 如丙公司不知道或不应当知道甲公司窃取技术秘密的事实,则甲丙间的合同有效
B. 如丙公司为善意,有权继续使用该技术秘密,乙公司不得要求丙公司支付费用,只能要求甲公司承担责任
C. 如丙公司明知甲公司窃取技术秘密的事实仍与其订立合同,不得继续使用该技术秘密,并应当与甲公司承担连带赔偿责任
D. 不论丙公司取得该技术秘密权时是否为善意,该技术转让合同均无效

531. 2008/3/23/单

美国某公司于 2004 年 12 月 1 日在美国就某口服药品提出专利申请并被受理,2005 年 5 月 9 日就同一药品向中国专利局提出专利申请,要求享有优先权并及时提交了相关证明文件。中国专利局于 2008 年 4 月 1 日

---

① ACD(原答案为C)。原为单选题,根据新法答案有变化,调整为多选题 ② CD

刷题表	时 间	题号	一刷	二刷	题号	一刷	二刷	题号	一刷	二刷	题号	一刷	二刷

授予其专利。关于该中国专利,下列哪一选项是正确的?①

A. 保护期从 2004 年 12 月 1 日起计算
B. 保护期从 2005 年 5 月 9 日起计算
C. 保护期从 2008 年 4 月 1 日起计算
D. 该专利的保护期是 10 年

532. `2008/3/24/单`

甲公司拥有一项汽车仪表盘的发明专利,其权利要求记载的必要技术特征可以分解为 a+b+c+d 共四项。乙公司制造四种仪表盘,其必要技术特征可以作四种分解,甲公司与乙公司的必要技术特征所代表的字母相同,表明其相应的必要技术特征相同或等同。乙公司的哪项技术侵犯了甲公司的专利?②

A. b+c+d
B. a+b+c
C. a+b+d+e
D. a+b+c+d+e

专题三十九　商标权

考点86 商标法

533. `2023 回忆/单`

2019 年 6 月,甲注册了一个巧克力形状的商标,注册后一直未使用。2022 年 12 月,乙以相同的巧克力形状申请注册外观设计专利并获得授权。丙未经甲与乙的同意就生产了此种形状的巧克力。对此,下列哪一说法是正确的?③

A. 甲 3 年未使用该商标,乙的行为不构成侵权
B. 丙有权以该巧克力设计属于现有设计作为抗辩理由对抗乙
C. 丙对甲构成侵权,但有权以甲 3 年未使用该商标作为拒绝赔偿的抗辩理由
D. 甲无正当理由 3 年未使用该商标,无权提起侵权之诉

534. `2022 回忆/多`

"佳嘉"咖啡店经营状况良好,在各地开设多家分店,并曾在某一侵权之诉中被法院认定为驰名商标,但没有将"佳嘉"商标注册。该店员工吴某离职后开了一家餐饮店,名为"佳嘉",并且使用该商标制作了工作服。后

---

① B(原答案为 A)　② D　③ C

186

"佳嘉"咖啡店有意开设餐饮店,发现该商标已被吴某使用并注册。关于"佳嘉"咖啡店的权利,下列哪些说法是正确的?①

A. 有权申请商标评审委员会宣告吴某使用的"佳嘉"商标无效
B. 无权请求吴某承担损害赔偿责任
C. 有权将"佳嘉"注册为驰名商标
D. 有权在其售卖的咖啡上标注驰名商标

535. 2022 回忆/多

甲公司申请注册了"云裳"商标用于其加工的蛋糕的包装。后甲公司委托乙公司代为生产蛋糕1万盒。乙公司隐瞒甲公司多生产了1万盒,卖给了知情的丙,丙又转卖给知情的丁。不知情的戊超市向丁购买该批蛋糕并售卖。对此,下列哪些主体侵犯了甲公司的商标权?②

A. 乙公司   B. 丙
C. 丁   D. 戊超市

536. 2021 回忆/多

金丰大学是一所著名农业大学,其"金丰"二字为公众所熟知,该大学注册了"金丰"商标用于农产品,但注册后一直没有使用。该校毕业生陈琳注册成立了一家公司,名为金丰蔬果有限责任公司,主营蔬菜、水果的种植和销售。后陈琳的妹妹陈晓梅申请"金丰"商标用于办公用品,其申请注册的主要目的是转卖获利。对此,下列哪些说法是正确的?③

A. 陈晓梅侵犯了金丰大学的"金丰"商标权
B. 陈琳侵犯了金丰大学的"金丰"商标权
C. 金丰大学可向商标局请求确认"金丰"为驰名商标
D. 商标局应驳回陈晓梅的注册申请

537. 2020 回忆/多

2017年,甲公司在其生产的箱包和皮带上分别使用了白鸽商标和橄榄枝商标,二者都没有注册但均有一定影响力。其供应商乙公司发现商标没有注册,遂于2020年将白鸽商标注册在自己生产的行李箱商品上。丁公司注册了大量商标但均未实际使用,其中包括在皮带上注册的橄榄枝商标。对此,下列哪些说法是正确的?④

A. 若丁公司起诉甲公司承担赔偿责任,甲公司可以丁公司注册商标3年

---

① AB ② ABCD ③ BD ④ ACD

未使用为由抗辩
B. 若甲公司宣告丁公司的注册商标无效,应当在 5 年内提出
C. 若乙公司起诉甲公司商标侵权,甲公司可以在先使用为由抗辩
D. 甲公司可以在 5 年内申请宣告乙公司的注册商标无效

538. 2019 回忆/单

德国博顿公司于 2018 年 2 月 1 日在我国政府举办的净水器国际展览会上首次在净水器上使用"蓝天"商标,中国的蓝天公司于同一天独立研发出相同的净水器并使用"蓝天"作为商标。博顿公司于 2018 年 7 月 1 日上午向我国商标局申请注册"蓝天"商标并主张优先权。蓝天公司于 2018 年 7 月 1 日下午向商标局申请注册"蓝天"商标。关于该商标权的归属,下列哪一项说法是正确的?①

A. 博顿公司应获得"蓝天"商标,因为其享有优先权
B. 博顿公司应获得"蓝天"商标,因为其申请在先
C. 蓝天公司应获得"蓝天"商标,因为其使用在先
D. 应由博顿公司和蓝天公司协商,协商不成的,抽签决定

539. 2017/3/16/单

韦某开设了"韦老四"煎饼店,在当地颇有名气。经营汽车配件的个体户肖某从外地路过,吃过后赞不绝口。当发现韦某尚未注册商标时,肖某就餐饮服务注册了"韦老四"商标。关于上述行为,下列哪一说法是正确的?②

A. 韦某在外地开设新店时,可以使用"韦老四"标识
B. 如肖某注册"韦老四"商标后立即起诉韦某侵权,韦某并不需要承担赔偿责任
C. 肖某的商标注册恶意侵犯韦某的在先权利,韦某可随时请求宣告该注册商标无效
D. 肖某注册商标核定使用的服务类别超出了肖某的经营范围,韦某可以此为由请求宣告该注册商标无效

540. 2016/3/17/单

营盘市某商标代理机构,发现本市甲公司长期制造销售"实耐"牌汽车轮胎,但一直未注册商标,该机构建议甲公司进行商标注册,甲公司负

---

① A ② B

| 刷题表 | 时 间 | 题号 | 一刷 | 二刷 | 题号 | 一刷 | 二刷 | 题号 | 一刷 | 二刷 | 题号 | 一刷 | 二刷 |

责人鄢某未置可否。后鄢某辞职新创立了乙公司,鄢某委托该商标代理机构为乙公司进行轮胎类产品的商标注册。关于该商标代理机构的行为,下列哪一选项是正确的?①

A. 乙公司委托注册"实耐"商标,该商标代理机构不得接受委托
B. 乙公司委托注册"营盘轮胎"商标,该商标代理机构不得接受委托
C. 乙公司委托注册普通的汽车轮胎图形作为商标,该商标代理机构不得接受委托
D. 该商标代理机构自行注册"捷驰"商标,用于转让给经营汽车轮胎的企业

541. 2016/3/64/多

2010年,甲饮料厂开始制造并销售"香香"牌果汁并已产生一定影响。甲在外地的经销商乙发现甲尚未注册"香香"商标,就于2014年在果汁和碳酸饮料两类商品上同时注册了"香香"商标,但未实际使用。2015年,乙与丙饮料厂签订商标转让协议,将果汁类"香香"商标转让给了丙。对此,下列哪些选项是正确的?②

A. 甲可随时请求宣告乙注册的果汁类"香香"商标无效
B. 乙应将注册在果汁和碳酸饮料上的"香香"商标一并转让给丙
C. 乙就果汁和碳酸饮料两类商品注册商标必须分别提出注册申请
D. 甲可在果汁产品上附加区别标识,并在原有范围内继续使用"香香"商标

542. 2015/3/19/单

佳普公司在其制造和出售的打印机和打印机墨盒产品上注册了"佳普"商标。下列未经该公司许可的哪一行为侵犯了"佳普"注册商标专用权?③

A. 甲在店铺招牌中标有"佳普打印机专营"字样,只销售佳普公司制造的打印机
B. 乙制造并销售与佳普打印机兼容的墨盒,该墨盒上印有乙的名称和其注册商标"金兴",但标有"本产品适用于佳普打印机"
C. 丙把购买的"佳普"墨盒装入自己制造的打印机后销售,该打印机上印有丙的名称和注册商标"东升",但标有"本产品使用佳普墨盒"
D. 丁回收墨水用尽的"佳普"牌墨盒,灌注廉价墨水后销售

① A ② BD ③ D

543. 2015/3/64/多

河川县盛产荔枝,远近闻名。该县成立了河川县荔枝协会,申请注册了"河川"商标,核定使用在荔枝商品上,许可本协会成员使用。加入该荔枝协会的农户将有"河川"商标包装的荔枝批发给盛联超市销售。超市在销售该批荔枝时,在荔枝包装上还加贴了自己的注册商标"盛联"。下列哪些说法是正确的?①

A. "河川"商标是集体商标

B. "河川"商标是证明商标

C. "河川"商标使用了县级以上行政区划名称,应被宣告无效

D. 盛联超市的行为没有侵犯商标权

544. 2014/3/19/单

甲公司在汽车产品上注册了"山叶"商标,乙公司未经许可在自己生产的小轿车上也使用"山叶"商标。丙公司不知乙公司使用的商标不合法,与乙公司签订书面合同,以合理价格大量购买"山叶"小轿车后售出,获利100万元以上。下列哪一说法是正确的?②

A. 乙公司的行为属于仿冒注册商标

B. 丙公司可继续销售"山叶"小轿车

C. 丙公司应赔偿甲公司损失100万元

D. 工商行政管理部门不能对丙公司进行罚款处罚

545. 2014/3/64/多

甲公司是《保护工业产权巴黎公约》成员国A国的企业,于2012年8月1日向A国在牛奶产品上申请注册"白雪"商标被受理后,又于2013年5月30日向我国商标局申请注册"白雪"商标,核定使用在牛奶、糕点和食品容器这三类商品上。下列哪些说法是错误的?③

A. 甲公司应委托依法设立的商标代理机构代理申请商标注册

B. 甲公司必须提出三份注册申请,分别在三类商品上申请注册同一商标

C. 甲公司可依法享有优先权

D. 如商标局在异议程序中认定"白雪"商标为驰名商标,甲公司可在其牛奶包装上使用"驰名商标"字样

① AD ② D ③ BCD

| 刷题表 | 时 间 | 题号 | 一刷 | 二刷 | 题号 | 一刷 | 二刷 | 题号 | 一刷 | 二刷 | 题号 | 一刷 | 二刷 |

546． 2013/3/19/单

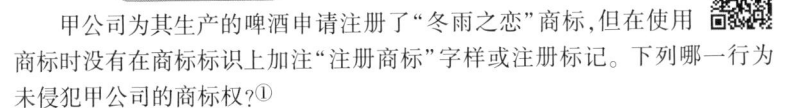

甲公司为其生产的啤酒申请注册了"冬雨之恋"商标,但在使用商标时没有在商标标识上加注"注册商标"字样或注册标记。下列哪一行为未侵犯甲公司的商标权？①

A. 乙公司误认为该商标属于未注册商标,故在自己生产的啤酒产品上也使用"冬雨之恋"商标
B. 丙公司不知某公司假冒"冬雨之恋"啤酒而予以运输
C. 丁饭店将购买的甲公司"冬雨之恋"啤酒倒入自制啤酒桶,自制"侠客"牌散装啤酒出售
D. 戊公司明知某企业生产假冒"冬雨之恋"啤酒而向其出租仓库

547． 2013/3/65/多

甲公司生产"美多"牌薰衣草保健枕,"美多"为注册商标,薰衣草为该枕头的主要原料之一。其产品广告和包装上均突出宣传"薰衣草",致使"薰衣草"保健枕被消费者熟知,其他厂商也推出"薰衣草"保健枕。后"薰衣草"被法院认定为驰名商标。下列哪些表述是正确的？②

A. 甲公司可在一种商品上同时使用两件商标
B. 甲公司对"美多"享有商标专用权,对"薰衣草"不享有商标专用权
C. 法院对驰名商标的认定可写入判决主文
D. "薰衣草"叙述了该商品的主要原料,不能申请注册

548． 2012/3/19/单

如外国企业在我国申请注册商标,下列哪一说法是正确的？③

A. 应当委托在我国依法成立的律师事务所代理
B. 所属国必须已加入《保护工业产权巴黎公约》
C. 所属国必须已加入世界贸易组织
D. 如所属国商标注册主管机关曾驳回了其商标注册申请,该申请在我国仍有可能获准注册

549． 2012/3/65/多

甲公司将其生产的白酒独创性地取名为"逍遥乐",并在该酒的包装、装潢和广告中突出宣传酒名,致"逍遥乐"被消费者熟知,声誉良好。乙公司知道甲公司没有注册"逍遥乐"后,将其作为自己所产白酒的商标使用并

① B ② AB ③ D

| 刷题表 | 时 间 | 题号 | 一刷 | 二刷 | 题号 | 一刷 | 二刷 | 题号 | 一刷 | 二刷 | 题号 | 一刷 | 二刷 |

抢先注册。该商标注册申请经商标局初步审定并公告。下列哪些说法是错误的？①

A. 甲公司有权在异议期内向商标局提出异议，反对核准乙公司的注册申请
B. 如"逍遥乐"被核准注册，甲公司有权主张先用权
C. 如"逍遥乐"被核准注册，甲公司有权向商标局请求撤销该商标
D. 甲公司有权向法院起诉请求乙公司停止使用并赔偿损失

550． 2011/3/18/多

个体经营户王小小从事理发服务业，使用"一剪没"作为未注册商标长期使用，享有较高声誉。王小小通过签订书面合同许可其同一城区的表妹张薇薇使用"一剪没"商标从事理发业务。后张薇薇以自己的名义申请"一剪没"商标使用于理发业务并获得注册。下列哪些说法是错误的？②

A. 该商标使用许可合同自双方签字之日起生效
B. 该商标使用许可合同应当报商标局备案
C. 王小小有权自"一剪没"注册之日起5年内请求商标评审委员会撤销该注册商标
D. 王小小有权自"一剪没"注册之日起5年内请求商标局撤销该注册商标

551． 2011/3/64/多

甲公司通过签订商标普通许可使用合同许可乙公司使用其注册商标"童声"，核定使用的商品为儿童服装。合同约定发现侵权行为后乙公司可以其名义起诉。后乙公司发现个体户萧某销售假冒"童声"商标的儿童服装，萧某不能举证证明该批服装的合法来源。下列哪些说法是正确的？③

A. 乙公司必须在"童声"儿童服装上标明乙公司的名称和产地
B. 该商标使用许可合同自备案后生效
C. 乙公司不能以其名义起诉，因为诉权不得约定转移
D. 萧某应当承担停止销售和赔偿损失的法律责任

552． 2010/3/17/单

甲公司注册了商标"霞露"，使用于日用化妆品等商品上，下列哪

---

① CD（原答案为BCD） ② ABCD（原答案为C）。原为单选题，根据新法答案有变化，调整为多选题 ③ AD

一选项是正确的?①

A. 甲公司要将该商标改成"露霞",应向商标局提出变更申请
B. 乙公司在化妆品上擅自使用"露霞"为商标,甲公司有权禁止
C. 甲公司因经营不善连续三年停止使用该商标,该商标可能被注销
D. 甲公司签订该商标转让合同后,应单独向商标局提出转让申请

553. 2010/3/64/多

商标注册申请人自其在某外国第一次提出商标注册申请之日起六个月内,又在中国就相同商品以同一商标提出注册申请的,依据下列哪些情形可享有优先权?②

A. 该外国同中国签订的协议
B. 该外国同中国共同参加的国际条约
C. 该外国同中国相互承认优先权
D. 该外国同中国有外交关系

554. 2009/3/65/多

甲公司在食品上注册"乡巴佬"商标后,与乙公司签订转让合同,获五万元转让费。合同履行后,乙公司起诉丙公司在食品上使用"乡巴佬"商标的侵权行为。法院作出侵权认定的判决书刚生效,"乡巴佬"注册商标就因有"不良影响"被依法撤销。《商标法》于2013年8月30日被修改后,乙"注册商标的无效宣告"制度取代"商标注册不当的撤销制度"。下列哪些说法是错误的?③

A. "乡巴佬"商标权视为自始不存在
B. 甲公司应当向乙公司返还五万元
C. 撤销"乡巴佬"商标的裁定对侵权判决不具有追溯力
D. 丙公司可以将"乡巴佬"商标作为未注册商标继续使用

555. 2008/3/66/多

甲公司为其牛奶产品注册了"润语"商标后,通过签订排他许可合同许可乙公司使用。丙公司在其酸奶产品上使用"润语"商标,甲公司遂起诉丙公司停止侵害并赔偿损失,法院判决支持了甲公司的请求。在该判决执行完毕后,"润语"注册商标因侵犯丁公司的著作权被依法撤销。下列哪些选项是错误的?④

---

① B ② ABC ③ BCD ④ BCD

A. 甲公司和乙公司可以作为共同原告起诉丙公司
B. 甲公司与乙公司的许可合同应当认定为无效合同,乙公司应当申请返还许可费
C. 甲公司获得的侵权赔偿费构成不当得利,应当返还给丙公司
D. 甲公司获得的侵权赔偿费应当转付给丁公司

图书在版编目（CIP）数据

2024国家统一法律职业资格考试攻略．必刷题．6，商经法／拓朴法考编著．—北京：中国法制出版社，2024.4

ISBN 978-7-5216-4158-5

Ⅰ．①2…　Ⅱ．①拓…　Ⅲ．①商法-中国-资格考试-习题集②经济法-中国-资格考试-习题集　Ⅳ．①D920.4

中国国家版本馆CIP数据核字（2024）第032424号

责任编辑：李连宇　　　　　　　　　　　　　封面设计：拓　朴

2024国家统一法律职业资格考试攻略．必刷题．6，商经法
2024 GUOJIA TONGYI FALÜ ZHIYE ZIGE KAOSHI GONGLÜE．BISHUATI．6，SHANGJINGFA

编著／拓朴法考
经销／新华书店
印刷／三河市华润印刷有限公司
开本／787毫米×1092毫米　32开　　　　　　印张／6.25　字数／200千
版次／2024年4月第1版　　　　　　　　　　　2024年4月第1次印刷

中国法制出版社出版
书号 ISBN 978-7-5216-4158-5　　　　　　　　总定价：118.00元（全八册）

北京市西城区西便门西里甲16号西便门办公区
邮政编码：100053　　　　　　　　　　　　　传真：010-63141600
网址：http://www.zgfzs.com　　　　　　　　编辑部电话：010-63141811
市场营销部电话：010-63141612　　　　　　　印务部电话：010-63141606

（如有印装质量问题，请与本社印务部联系。）
本书二维码内容由拓朴法考提供，用于服务广大考生，有效期截至2024年12月31日。